Andreas Drouve

111 Orte am Jakobsweg, die man gesehen haben muss

Mit Fotografien von Andreas und Sonia Drouve

emons:

Bibliografische Information der Deutschen Nationalbibliothek
Die Deutsche Nationalbibliothek verzeichnet diese Publikation
in der Deutschen Nationalbibliografie; detaillierte bibliografische
Daten sind im Internet über http://dnb.d-nb.e abrufbar.

© Emons Verlag GmbH
Alle Rechte vorbehalten
© der Fotografien: Andreas und Sonia Drouve
© Covermotiv: shutterstock.com / Serhii Milekhin
Gestaltung: Eva Kraskes, nach einem
Konzept von Lübbeke | Naumann | Thoben
Kartografie: altancicek.design, www.altancicek.de
Kartenbasisinformationen aus Openstreetmap,
© OpenStreetMap-Mitwirkende, ODbL
Druck und Bindung: CPI – Clausen & Bosse, Leck
Printed in Germany 2022
ISBN 978-3-7408-1092-4

Unser Newsletter informiert Sie
regelmäßig über Neues von emons:
Kostenlos bestellen unter
www.emons-verlag.de

Vorwort

»Wenn nichts mehr geht, dann gehe« lautet ein Spruch, den sich Menschen zu Herzen nehmen, wenn sie auf den Jakobsweg aufbrechen. Doch nicht nur deswegen kommen die Pilger hierher. Der Jakobsweg ist für alle da, ob Sinnsucher oder Gläubige, ob zu Fuß, per Rad oder motorisiert.

Anfang und Ende des klassischen Jakobswegs sind klar umrissen: von den Pyrenäen knapp 800 Kilometer westwärts durch das Inland Nordspaniens bis Santiago de Compostela, wo der heilige Apostel Jakobus bestattet sein soll. Laut Überlieferung wurde das Grab im 9. Jahrhundert unter Sternenlichtern auf wundersame Weise wiederentdeckt, heute genießt es Verehrung in einer kleinen Gruft der Kathedrale.

Ob es sich um den wahren Jakob handelt oder eine von Klerus und Königshaus propagierte Erfindung aus dem Mittelalter, sei dahingestellt. Fest steht, dass es Leute aus allen Ländern seither wie magisch ins entlegene Nordwesteck der Iberischen Halbinsel zieht. Die Corona-Jahre haben kurzzeitig für einen Einschnitt gesorgt. Nun ist der Jakobsweg aufs Neue auf dem Vormarsch und fesselt wie eh und je durch seine einzigartige Verzahnung von Kultur und Natur. Bergwelten, Weingärten, die Weiten der spanischen Hochebene, stille Steindörfer, stimmungsvolle Städte wie Pamplona und Burgos, Kirchen, Klöster, Kapellen, Paläste, Brücken. Hinzu kommen Wundergeschichten um Helden und Heilige, kulinarische Versuchungen, Begegnungen, Kuriosa. Wo sonst darf man sich an einem Weinbrunnen frei bedienen? Wo sonst schaut man in einer Kathedrale auf lebendiges Geflügel?

»Wenn ich auf dem Jakobsweg bin, habe ich ein Leuchten in den Augen«, hat eine spanische Pilgerin namens Isabel Braña einmal dem Autor dieser Zeilen gesagt. Wie wahr. Dazu muss man nicht zwangsläufig zu Fuß unterwegs sein. Möge sich jeder auf seine Art auf die über tausendjährige Pilgerroute einlassen. Dazu gibt dieses Buch eine Hilfe in 111 Halts und Inspirationen.

111 Orte

1___ Der legendäre Bergübergang | Pyrenäenpass Ibañeta
   Im Rausch des Grüns | 10

2___ Die Madonna unterm Baldachin | Roncesvalles
   Besondere Lichtstimmungen | 12

3___ Das Klostermuseum | Roncesvalles
   Jede Menge Schätze | 14

4___ Die schönen Stillleben | Burguete
   Berauschende Gefühle im beschaulichen Dorf | 16

5___ Die Stadtmauern | Pamplona
   Monumentaler Empfang | 18

6___ Das Café Iruña | Pamplona
   Auf Hemingways Spuren | 20

7___ Der Kreuzgang mit Nummern | Pamplona
   Auf das Innere kommt es an | 22

8___ Der Freilufttreff | Pamplona
   Pulsierendes Leben | 24

9___ Ignatius von Loyola | Pamplona
   Eine folgenschwere Verwundung | 26

10___ Der Rathausplatz | Pamplona
   Wo Pilger- und Stierstrecke aufeinandertreffen | 28

11___ San Saturnino | Pamplona
   Kirche für einen Märtyrer aus Toulouse | 30

12___ Die Friedensinsel | Pamplona
   Krieg und Frieden – Beispiel für einen Wandel | 32

13___ In windiger Höhe | Sierra del Perdón
   Eine Hommage an die Pilger | 34

14___ Die schönste Kirche | Santa María de Eunate
   Ein Juwel der Romanik | 36

15___ Die große Vereinigung | Puente la Reina
   Unterwegs zum eigenen Grab | 38

16___ Der rheinische Christus | Puente la Reina
   Ein Marsch auf Pilgerschultern | 40

17___ Vorhang auf | Puente la Reina
   Die Enthauptung des Jakobus | 42

18___ Die schwebende Maria | Puente la Reina
   Zuspruch von ganz oben | 44

19 — Die Casa Martija | Puente la Reina
Ein Café mit kunterbunten Dekors | 46

20 — Die romanische Brücke | Puente la Reina
Milliarden Schritte | 48

21 — Aufgang und Abstieg | Cirauqui
Klackende Pilgerstöcke | 50

22 — Die Heilig-Grab-Kirche | Estella
Ein Höllenmaul und die Zehenspitzen der Apostel | 52

23 — Die meisterlichen Phantasien | Estella
Wo ein Esel musiziert und Roland kämpft | 54

24 — Der halbe Kreuzgang | Estella
Ein besonderer Dreh | 56

25 — Die Kunstschmiede | Ayegui
Feuer und Hammer | 58

26 — Die Weinquelle | Ayegui/Irache
Alkoholischer Stopp zum Nulltarif | 60

27 — Eine Büste für Borgia | Viana
Das Ende eines Papstsohns | 62

28 — Das Gansspiel | Logroño
Mehr als purer Zeitvertreib | 64

29 — Jakobus Maurentöter | Logroño
Ein grausamer Schlachtenreiter | 66

30 — Kneipengetümmel | Logroño
Eine kulinarische Pilgerschaft | 68

31 — Die Altstadt | Logroño
Ein Gesamtkunstwerk | 70

32 — Der olfaktorische Schock | Logroño
Da liegt Übles in der Luft | 72

33 — Die Bodegas Ontañón | Logroño
Eine Kathedrale des roten Goldes | 74

34 — Unter Engeln und Blüten | Navarrete
Goldene Sturzflut | 76

35 — Das Friedhofsportal | Navarrete
Die Geschichte einer Neuverwendung | 78

36 — Maria im Fels | Nájera
Das Wunder in der Grotte | 80

37 — Das Restaurant Piedra | Santo Domingo de la Calzada
Ein deftiger Stopp | 82

38 — Das Parador-Hotel | Santo Domingo de la Calzada
Betreuung durch einen Heiligen | 84

39 — Die Kathedrale mit Stall | Santo Domingo de la Calzada
Wo gebratenes Federvieh flatterte | 86

40 — Der Domschatz | Santo Domingo de la Calzada
Zweimal oben ohne | 88

41 — Der Glockenturm | Santo Domingo de la Calzada
Wem die Stunde schlägt | 90

42 — Die einsame Strecke | Montes de Oca
Wälder und ein Wunder | 92

43 — Die alte Klosteranlage | San Juan de Ortega
Sammelbecken für Erschöpfte damals und heute | 94

44 — Die Apostel im Gespräch | Burgos
Eine Dame mit gotischen Spitzentürmchen | 96

45 — Der Fliegenschnapper | Burgos
Sagenhafte Schätze | 98

46 — El Cid | Burgos
Spuren von Spaniens Nationalheld | 100

47 — Der Christus von Burgos | Burgos
Menschenhaar in schummerigem Licht | 102

48 — Das Restaurant Maricastaña | Burgos
Gastrostopp in der Altstadt | 104

49 — Der Paseo del Espolón | Burgos
Promenade mit grünem Anstrich | 106

50 — Der Arco de Santa María | Burgos
Stadttor mit Innenleben | 108

51 — Die Casa del Cordón | Burgos
Kolumbus, Royals und der Tod | 110

52 — Der Tod als Begleiter | Burgos
Ein Segen für die Nachwelt | 112

53 — Die Burg | Burgos
Der schönste Thron der Stadt | 114

54 — Ein Pilgerdorf der Meseta | Hontanas
Friedenskulissen aus Stein | 116

55 — Die einzigartigen Ruinen | Convento de San Antón
Alle Wege führen hindurch | 118

56 — Zu Füßen der Burg | Castrojeriz
Ein Schloss namens Fritz | 120

57 — Der Brückenschlag | Río Pisuerga
Eindrücke zwischen den Provinzen | 122

58 — Der Gerichtspfeiler | Boadilla del Camino
Pranger am Kirchplatz | 124

59	Die Idylle am Kanal | Canal de Castilla *Einfach treiben lassen* | 126	
60	Auf Bootstour | Canal de Castilla *Im Schneckentempo am Jakobsweg längs* | 128	
61	Die fleischliche Sünde | Frómista *Romanik mit Sakralerotik* | 130	
62	Die Weiße Madonna | Villalcázar de Sirga *Ein König und seine Lobpreisgesänge* | 132	
63	Die »wohlhabende Stadt« | Carrión de los Condes *Halbzeit* | 134	
64	Himmel und Hölle | León *Ein Bilderreigen* | 136	
65	Die Buntglasfenster | León *Siegeszug des Lichts* | 138	
66	Das Chorgestühl | León *Befremdlicher Stoff in heiligen Hallen* | 140	
67	Die Jungfrau vom Würfel | León *Ein Umweg und eine Legende* | 142	
68	Der Freiluftmarkt | León *Zeitreise zwischen gestern und heute* | 144	
69	Das Feuchte Viertel | León *Im Bann der Kneipenfülle* | 146	
70	Die Casa Botines | León *Ein Meister namens Gaudí* | 148	
71	Das Gnadenportal | León *Ein Flug durch die Lüfte* | 150	
72	San Marcos | León *Pracht in voller Breite* | 152	
73	Das MUSAC | León *Originelle Riesencollage* | 154	
74	Das moderne Heiligtum | Virgen del Camino *Wo Maria zur Steinschleuder griff* | 156	
75	Die Pilgerbrücke | Puente de Órbigo und Hospital de Órbigo *Wo ein amourös umnachteter Ritter kämpfte* | 158	
76	Das niedliche Glockenspiel | Astorga *Tor in die Berge* | 160	
77	Der Bischofspalast | Astorga *Ein polemischer Palast ohne Kirchenfürst* | 162	
78	Das Kalorienbabel | Astorga *Hüftgoldverstärker aus Schmalz* | 164	

79 ___ Das rostbraune Dorf | Castrillo de los Polvazares
Malerische Fotomotive und ein Eintopf | 166

80 ___ Der alte Sammelplatz | Rabanal del Camino
Das vorletzte Dorf vor dem Eisenkreuz | 168

81 ___ Ein Pilgerort in den Bergen | Foncebadón
Auferstanden aus Ruinen | 170

82 ___ Das Dach des Jakobswegs | Cruz de Ferro
Besinnlicher Halt | 172

83 ___ Das Geisterdorf | Manjarín
9.453 Kilometer bis Machu Picchu | 174

84 ___ Entlang an Holzbalkonen | El Acebo de San Miguel
Kleine Augenblicke des Glücks | 176

85 ___ Ein Memorial | El Acebo de San Miguel
Tod auf dem Jakobsweg | 178

86 ___ Die Zinnen über dem Sil | Ponferrada
Eine Ritterburg wie aus dem Bilderbuch | 180

87 ___ Ein buntes Ortsmosaik | Cacabelos
Fettgebackene Churros und moderne Kirchenfenster | 182

88 ___ Quinta Angustia | Cacabelos
Wo Jesus und Antonius zocken | 184

89 ___ Das Oberdorf | Villafranca del Bierzo
Drei Könige übereinander und ein Friedhof | 186

90 ___ Das Unterdorf | Villafranca del Bierzo
Friedensoase mit Rosen | 188

91 ___ Die Bronzeschautafel | O Cebreiro
Das weite Netz der Jakobswege | 190

92 ___ Der Wunderschrein | O Cebreiro
Als Blut auf das Altartuch schäumte | 192

93 ___ Die Pallozas | O Cebreiro
So lebten die alten Kelten | 194

94 ___ Der Seuchenpatron | Alto de San Roque
Zauber der Bergwelt Galiciens | 196

95 ___ Nereiden im Kloster | Samos
Topless unter Benediktinern | 198

96 ___ Die kleine Altstadt | Sarria
Startpunkt für Kurzzeitpilger und Urkundenjäger | 200

97 ___ Der Kilometerstein 100 | A Pena
Ein magischer Halt | 202

98 ___ Der verlegte Ort | Portomarín
Stein für Stein nach oben | 204

| 99 | Die Pulperías | Melide
Nur für Hardcore-Seafood-Fans | 206
| 100 | Der Berg der Freude | Monte do Gozo
Jubilierende Pilger | 208
| 101 | Der Weg zur Kathedrale | Santiago de Compostela
Ungradlinig wie das Leben | 210
| 102 | Das Jakobusgrab | Santiago de Compostela
In den Tiefen der Kathedrale | 212
| 103 | Das Pilgermuseum | Santiago de Compostela
Eine phantastische Fundgrube | 214
| 104 | Das Quartier im Spital | Santiago de Compostela
Wimmelbilder im Schatten der Kathedrale | 216
| 105 | Die Kirche San Fructuoso | Santiago de Compostela
Stille im Trubel | 218
| 106 | Das Frischeparadies | Santiago de Compostela
Satte Tropfen, winzige Paprika und Brüstchenkäse | 220
| 107 | Die Kunstwerke aus Gagat | Santiago de Compostela
Schwarze Muschelschalen als Andenken | 222
| 108 | Die süßen Jakobsmuscheln | Santiago de Compostela
Im Schoko-Shop von Carina und Alejandro | 224
| 109 | Die Colegiata de Sar | Santiago de Compostela
Stiftskirche mit Schieflage und schönem Kreuzgang | 226
| 110 | Die Rúa da Porta da Pena | Santiago de Compostela
Dorfatmosphäre mit urbanen Gärten | 228
| 111 | Die Ruheoase | Santiago de Compostela
Grün mit Aussicht | 230

PYRENÄENPASS IBAÑETA

1 Der legendäre Bergübergang
Im Rausch des Grüns

Die Landschaft ertrinkt in Grün. Es riecht nach Kräutern, Ginstersträucher setzen gelbe Farbkleckse, die Luft ist frisch und unverbraucht. Wiesen, Wälder und Viehweiden fallen tief in ein Tal ab. Der Blick steigt zu Bergmassen auf. Blökende Schafe durchbrechen die Stille, Pferde verlieren sich in der Ferne im Dunst. Dann taucht ein einsamer Jakobspilger auf. Gleichmäßig stößt er seine Teleskopstöcke in den Grund, bis er erschöpft am Mäuerchen vor der Bergkapelle Rast macht. Geschafft. So wie Abermillionen vor ihm, die seit Jahrhunderten am Pyrenäenfuß im französischen Saint-Jean-Pied-de-Port aufbrechen und den Pass von Ibañeta in einem gnadenlosen Aufstieg bewältigen. 1.057 Meter zeigt das Schild an der Straße an, die hier die Pilgerroute streift.

Die moderne Kapelle und nachempfundene Fundamente erinnern daran, dass sich an selber Stelle im Mittelalter das Pilgerspital San Salvador befand. Eine Glocke wies Ankömmlingen bei Regenschleiern und Nebel den rechten Weg. In Sichtweite, auf einer Anhöhe, bewahrt ein bearbeiteter Felsblock mit der Inschrift »Roldan« (Roland) das Gedenken an eine Schlacht, die sich hier vor der Herausbildung des Jakobswegs abspielte. Es begab sich im Jahre 778, als Karl der Große nach seinem Spanienfeldzug gegen die Mauren die Pyrenäen überquerte und seine von Roland angeführte Nachhut der Truppen in einen Hinterhalt geriet. Waren es Basken? Oder Mauren? Oder beide mit vereinten Kräften? Später, in literarischen Werken wie dem altfranzösischen »Rolandslied«, sah man Roland mit seinem Wunderschwert Durendal heldenhaft kämpfen. Es nützte ihm nichts. Er fiel. Ob sich die Geschehnisse so oder ähnlich abspielten, kann niemand mehr sagen.

Die Reise, die gerade erst begonnen hat, geht weiter. Nächste Station: das nahe Kloster Roncesvalles. 1132 löste es in einer geschützteren Lage das Pilgerspital auf der unwirtlichen Passhöhe von Ibañeta ab.

Adresse Kapelle auf der Passhöhe zwischen Valcarlos und 31650 Roncesvalles | Anfahrt Der Pass von Ibañeta liegt an der Landstraße N-135. | Öffnungszeiten Besichtigung der Kapelle nur von außen | Tipp Wer motorisiert auf die Passhöhe angereist ist, kann sein Fahrzeug auf dem Parkplatz abstellen und auf dem deutlich markierten Pilgerweg knapp zwei Kilometer zum Kloster Roncesvalles wandern.

2 Die Madonna unterm Baldachin

Besondere Lichtstimmungen

»Dorf« kann man Roncesvalles kaum nennen. Ein paar Unterkünfte und Restaurants, eine Touristeninfo, ein Großparkplatz – das ist alles. Im Fokus steht der gewaltige Klosterkomplex, den Augustinermönche seit Langem nicht mehr bewohnen. Doch das Leben in den alten Mauern ist nicht erloschen. Ganz im Gegenteil. Pilger betten sich in der Klosterherberge, die frühgotische Stiftskirche Real Colegiata de Santa María ist eine der schönsten am Jakobsweg.

Tritt man hinein ins Gotteshaus und spart sich den Münzeinwurf für die Beleuchtungsautomatik, müssen sich die Augen erst an das Dämmerdunkel gewöhnen. Blickfang ist ein prachtvoller Baldachin mit dem Bildnis der gotischen Madonna von Roncesvalles. Die Marienskulptur ist versilbert, mit Edelsteinen verziert und stammt mutmaßlich aus dem Süden Frankreichs. Gefertigt wurde sie im 14. Jahrhundert, wahrscheinlich in Toulouse. Aus ihrem Ausdruck spricht tiefe Güte. Der Lichteinfall durch die Fensterrose und die Buntglasfenster verleiht dem Raum eine besondere Stimmung.

Ein Kombiticket erlaubt den Besuch des Museums (siehe Kapitel 3), der Kapellen Sancti Spiritus und Santiago sowie des Kreuzgangs, der im Jahre 1600 unter der Last von Schneemassen einbrach und in archaischem Stil erneuert wurde. Vom Kreuzgang geht es in den Kapitelsaal mit dem Grabmal von Sancho VII. (1154–1234), König der hiesigen Region Navarra. Ein riesiges Buntglasfenster zeigt den Herrscher im Getümmel der Schlacht von Las Navas de Tolosa (1212), bei der die Christen einen blutigen Sieg über die Maurentruppen errangen. Apropos Tod: In den Tiefen der Kapelle Sancti Spiritus wurden einst verstorbene Pilger anonym begraben. Eine Luke gibt den schaurigen Blick auf Knochenreste frei, die allerdings aus dem 19. Jahrhundert datieren – die »echten« Pilger von früher liegen einige Schichten tiefer.

Adresse Monasterio de Roncesvalles, 31650 Roncesvalles | **ÖPNV** Mo – Sa Linienbusverkehr ab/bis Pamplona; Ein- und Ausstieg mitten in Roncesvalles | **Anfahrt** an der Landstraße N-135 gelegen, großer Parkplatz hinter dem Kloster | **Öffnungszeiten** Kirche täglich, übriger Klosterkomplex (Eintrittsgebühr) gewöhnlich Ostern – Ende Okt. täglich 10 – 14 und 15.30 – 19 Uhr, Mitte Dez. – Feb. geschlossen, sonst täglich 10 – 14 und 15 – 18 Uhr | **Tipp** In der Kirche wird abends gelegentlich der Pilgersegen gespendet.

3 Das Klostermuseum
Jede Menge Schätze

Diese Szene schmerzt allein beim Anblick. Hungrige Wölfe stürzen sich auf ein Grüppchen Jakobspilger. Ein Raubtier verbeißt sich in den linken Oberarm eines jungen Pilgers. Der Ausdruck in dessen Gesicht wirkt apathisch, während das Blut über den Ellbogen rinnt. Ein anderer Pilger wehrt sich mit seinem Stab gegen einen zweiten Wolf, der bei der Attacke bedrohlich die Zähne bleckt. Dieses polychromierte Holzrelief aus dem 17. Jahrhundert ist eines der ungewöhnlichsten Stücke im Klostermuseum von Roncesvalles, zumal es die Wirklichkeit vergangener Zeiten abbildet. Wolfsrudel in den Pyrenäen konnten Wallfahrern tatsächlich gefährlich werden.

Ein weiteres Unikat ist das sogenannte »Schachbrett Karls des Großen«, das einen Bezug zum Rolandstoff und der Schlacht von Roncesvalles im Jahre 778 hat (siehe Kapitel 1). Der Kaiser, so heißt es, vertrieb sich die Zeit beim Schachspiel, während er vergeblich auf die von Roland befehligte Nachhut des Heeres wartete. Dass der Monarch niemals leibhaftig an diesem Brett gesessen haben kann, steht auf einem anderen Blatt. Gefertigt wurde es aus Silber und dem durchdringenden Blau von Emailkunst im 14. Jahrhundert in Montpellier. Und da warten sie schon, die nächsten Schätze: ein romanisches Evangeliarium mit reicher Silberzier, ein 1212 bei der Schlacht von Navas de Tolosa erbeuteter Smaragd aus dem Turban des Maurenführers Miramolín, Münzen, Kelche, Ölgemälde wie eine »Heilige Familie« des Spaniers Luis de Morales (um 1510–1586).

Das Museum pflegt eine stille, fast intime Aura und beschränkt sich auf einen einzigen Saal. Zugänglich ist es nur im Rahmen von Führungen. Warum hier solche Schätze zu finden sind, lässt sich einfach erklären: Das Kloster von Roncesvalles, in exponierter Lage am Jakobsweg, war einst sehr mächtig. Es unterhielt zahlreiche Besitztümer und häufte massenhaft Schenkungen an.

Adresse Monasterio de Roncesvalles, 31650 Roncesvalles, www.roncesvalles.es | **ÖPNV** Mo–Sa Linienbusverkehr ab/bis Pamplona; Ein- und Ausstieg mitten in Roncesvalles | **Anfahrt** an der Landstraße N-135 gelegen, großer Parkplatz hinter dem Kloster | **Öffnungszeiten** in der Regel Ostern–Ende Okt. täglich 10–14 und 15.30–19 Uhr, Mitte Dez.–Feb. geschlossen, sonst täglich 10–14 und 15–18 Uhr | **Tipp** An der Landstraße N-135 nach Burguete liegt links ein gotisches Wegekreuz aus dem 14. Jahrhundert, etwa 300 Meter von Roncesvalles entfernt.

4 Die schönen Stillleben
Berauschende Gefühle im beschaulichen Dorf

Es rauscht und plätschert beim Gang durch Burguete. Kein Wunder. Zu beiden Seiten des Dorfsträßchens verläuft jeweils ein kleiner, offener Frischwasserkanal. Aufgesetzte Steinplatten dienen als Übergänge zu Wohnhäusern. Der Kanal ist etwas mehr als handspannenbreit. Hier ziehen auch die Jakobspilger entlang, bis der Weg in der Ortsmitte abknickt und sich fortan durch das Vorpyrenäenland Navarras zieht. Dies gehört zum historischen Siedlungsgebiet der Basken, weshalb zweisprachige Beschilderungen auf Spanisch und Baskisch üblich sind.

In Burguete, auf Baskisch Auritz und kaum 250 Einwohner stark, plätschert das Leben so beschaulich dahin wie das Kanalwasser. Stolz und trutzig sind die Quadersteinhäuser, die steil abfallende Dächer tragen und das schmale Durchgangssträßchen flankieren. Manchmal zwängt sich ein Viehtransporter hindurch und verlangt dem übrigen Verkehr Ausweichmanöver ab. Das Faible der Bewohner für Blumenschmuck ist unübersehbar. Mal stehen Töpfe gleich am Kanal, mal sind Balkone überladen. Schöne Stillleben. Abends liegt das Dorf eingetaucht in orangegelbes Licht da, was den Rathausarkaden und der Kirche San Nicolás de Bari mit ihrem Platanenvorplatz eine besondere Stimmung verleiht. Dann verliert sich kaum eine Menschenseele hier.

Burguete rühmt sich eines weltbekannten Besuchers. Der US-Schriftsteller Ernest Hemingway (1899–1961) fand hier Abwechslung von seinen Volksfestbesuchen in Pamplona. Er mochte es, auf Forellenfang zu gehen, und nahm Quartier in einem unverändert existierenden Gasthof, dem Hostal Burguete. In seinem Erfolgsroman »Fiesta« verewigte Hemingway den Ort gleich auf mehreren Buchseiten. Ein Auszug zur Ankunft erlaubt Parallelen zum Hier und Heute: »Die Häuser von Burguete lagen zu beiden Seiten der Straße. Es gab keine Seitenstraßen. Wir kamen an der Kirche und dem Schulhof vorbei, und der Omnibus hielt. Wir stiegen aus.«

Adresse 31640 Burguete | **ÖPNV** Mo–Sa regelmäßig Linienbusse ab/bis Pamplona, Ein- und Ausstieg mitten im Ort | **Anfahrt** Burguete liegt an der Landstraße N-135. | **Tipp** Motorisierte können ab Burguete in die Pyrenäentäler Aézcoa, Salazar und Roncal aufbrechen.

5 — Die Stadtmauern
Monumentaler Empfang

Dieser Empfang ist gleichermaßen still und gigantisch. In keiner anderen Stadt am Jakobsweg fühlt man sich zum Auftakt so monumental aufgenommen wie in Pamplona. Hinter der Pilgerbrücke über den Fluss Arga verläuft die Strecke über Kies mitten durch die historischen Befestigungsanlagen, deren ferne Vorläufer Karl der Große laut Überlieferung im 8. Jahrhundert zerstören ließ. Der Grund: Pamplona befand sich seinerzeit in den Händen der maurischen Glaubensfeinde, gegen die der Monarch nach Spanien gezogen war.

Über 30 Meter hoch ragen die Stadtmauern auf, hinter denen sich die Altstadt verschanzt. Hinein geht es zunächst durch ein kleines Zugbrückentor, gefolgt vom sogenannten Frankreich-Portal (Portal de Francia). Dort wurden 2014 Szenen mit einem Schaftransporter gefilmt: bei den Dreharbeiten zu »Ich bin dann mal weg«, basierend auf dem Bestseller von Hape Kerkeling. Gleich links hinter dem Frankreich-Portal bietet sich ein Streifzug parallel zu den Stadtmauern bis zum Bollwerk Redín an. Dort wechselt man die Perspektive, blickt vom Aussichtsvorsprung hinab auf den Pilgerweg und über weite Teile des Vorpyrenäenbeckens, in das Pamplona auf einer Höhe von etwa 450 Metern gebettet ist. Die Pyrenäen selber sieht man von hier aus nicht, dafür den Hausberg San Cristóbal, die Wiesenflächen zwischen den Festungsanlagen, Häusermassen. Das Panorama ist nicht ausnahmslos attraktiv. Die Vielzahl der Wohnblöcke bezeugt, dass Pamplona als Hauptstadt der Region Navarra ein ausgeufertes Zuzugsziel und das einzige Oberzentrum in einem weiten Umkreis ist. Rund 200.000 Einwohner machen Pamplona zur größten Stadt am Jakobsweg.

Hier oben, rund um das Bollwerk Redín, fühlt man sich angenehm weit entrückt von den urbanen Sphären, fast wie in einem Dorf. Unkraut sprießt aus den Stadtmauern. Zur wärmeren Jahreszeit grünt und blüht es. Ein schönes Fleckchen.

Adresse 31001 Pamplona | **ÖPNV** Der Busbahnhof (Estación de Autobuses) für Überlandbusse liegt unterirdisch in der Calle Yanguas y Miranda. | **Anfahrt** Die nächsten Parkhäuser liegen an der Stierkampfarena und der Plaza del Castillo, sonst ist nur Anwohnerparken. | **Tipp** Die idyllischste Gasse der Altstadt, die Calle del Redín, führt ein Stück hinter dem Bollwerk Redín auf die Kathedrale zu.

6 Das Café Iruña
Auf Hemingways Spuren

Bleiben wir im Nachgang zum Kapitel Nummer 4 bei Ernest Hemingway, der die Drinks und die Frauen liebte, das Spiel mit dem Tod – und daher den Stierkampf. Wie magisch zog ihn in Pamplona das Stadtfest im Juli an. 1923 feierte er erstmals mit, berauschte sich an den Eindrücken der Stierrennen, den Exzessen der Massen, den Kämpfen in der Arena. Die Folge: Er machte das gigantische Volksfest, die Fiesta de San Fermín, zum eigentlichen Protagonisten seines 1926 erschienenen Romans »Fiesta«, der auf Englisch kurioserweise »The sun also rises« hieß. Minutiös schilderte er aus der Sicht des Icherzählers Jake Barnes die Abläufe, die Dramatik, den Lärm »mit schrillen Pfeifen und dröhnenden Trommeln«, die Alkoholflüsse bei Tag und Nacht. Barnes und seine Freunde waren nach Pamplona gekommen, um sich zu betäuben, abzulenken, die Dimensionen neuer Wirklichkeiten zu ergründen – als Widerhall des Ersten Weltkriegs, der sie alle psychisch oder körperlich gezeichnet hatte.

Eine beliebte Station Hemingways war das Café Iruña, das er in seinem Roman mehrfach erwähnte. Damit hat er Pamplonas schönstem Kaffeehaus ein Denkmal gesetzt – und das Kaffeehaus ihm. Denn in einem Nebenraum steht er als Bronzefigur am Tresen. Die Spurensuche führt weiter ins Gran Hotel La Perla, wo er gerne Quartier nahm, und an eine Büste von ihm vor der Arena. Den Jakobsweg erwähnte er nicht, doch er besuchte die Kathedrale.

Insgesamt kam Hemingway achtmal zum Stadtfest nach Pamplona, das letzte Mal 1959, fünf Jahre nach dem Erhalt des Literaturnobelpreises und zwei Jahre vor seinem Freitod mit einem Gewehr in Ketchum, Idaho. Er verhalf Pamplona und der Fiesta de San Fermín zu Weltruhm. Alles andere als ruhmreich ist, dass sich Hemingway damit brüstete, im Zweiten Weltkrieg über 100 Deutsche getötet zu haben. Wer über Ernest Hemingway redet, darf auch diese barbarischen Aspekte nicht verschweigen.

Adresse Plaza del Castillo 44, 31001 Pamplona, http://cafeiruna.com; der Nebenraum mit der Hemingway-Figur heißt El Rincón de Hemingway. | **ÖPNV** Der Busbahnhof (Estación de Autobuses) für Überlandbusse liegt unterirdisch in der Calle Yanguas y Miranda. | **Anfahrt** Anfahrt bis an den Altstadtrand. Die nächsten Parkhäuser liegen an der Stierkampfarena und der Plaza del Castillo. | **Öffnungszeiten** gewöhnlich täglich 9 – 22.30/23 Uhr | **Tipp** Das Gran Hotel La Perla (Plaza del Castillo 1, www.granhotellaperla.com) bewahrt das Hemingway-Zimmer (Habitación de Hemingway), vormals Nummer 217, heute Nummer 201.

7 Der Kreuzgang mit Nummern
Auf das Innere kommt es an

Schwunglos, streng – so wirkt die klassizistische Hauptfassade des Doms auf ihre Betrachter. Dass dahinter ein feines Werk der Gotik steckt, ist von hier aus nicht zu erahnen. Die Fassade mit ihren 50 Meter hohen Zwillingstürmen wurde nach Baufälligkeit des Vorgängers stilfremd ersetzt und davor platziert. Das Innere des Doms ist geprägt von massigen Säulen, reich ausstaffierten Seitenkapellen und dem Altarraum mit dem versilberten Bildnis der Namensgeberin unter einem Baldachin: Santa María la Real, die »heilige königliche Maria«.

Einer der wichtigsten Royals fand vor dem Trenngitter zum Altarraum die letzte Ruhe: Karl III. der Edle (1361–1425) an der Seite seiner Gemahlin Leonor von Trastámara (um 1363–1416). Nach heutigem Ermessen mutet es makaber an, dass das Alabastergrab bereits zu Lebzeiten beider entstand. Den Zuschlag erhielt der flämische Bildhauer Jean Lome, der bei den Gewändern des Herrscherpaars ebenso detailverliebt Hand anlegte wie bei der Reihe der Trauernden, die sich unten um das Grabmal zieht. Zu Füßen Karls postierte er einen Löwen als Ausdruck der Stärke, zu Füßen Leonors zwei Hündchen als Zeichen der Treue. Man sollte sich ein wenig Zeit nehmen, um das Grabmal zu umrunden und die Details zu beachten.

»Plötzlich fand ich mich in einem der schönsten Kreuzgänge wieder, die ich jemals gesehen habe«, schwärmte 1863 der französische Romancier Victor Hugo. Das Portal der Maria Beschützerin leitet direkt vom Dom hinein in den gotischen Kreuzgang, in dem nummerierte Bodengrabplatten auffallen. Ein Zugang führt ins Diözesanmuseum, dessen Höhepunkt eine Kollektion mit romanischen und gotischen Marienfiguren aus verschwundenen Dorfkirchen Navarras ist. Etwas versteckter liegt ein Kuriosum: die einstige Küche mit ihrem 27 Meter hohen Rauchabzug, ebenfalls ein Werk der Gotik. Dort wurde fleißig für Domherren und Jakobspilger gekocht.

Adresse Catedral, Calle de la Curia / Calle de la Dormitalería, 31001 Pamplona, www.catedraldepamplona.com | **Anfahrt** Anfahrt bis an den Altstadtrand. Die nächsten Parkhäuser liegen an der Stierkampfarena und der Plaza del Castillo. | **Öffnungszeiten** Ende März–Ende Okt. Mo–Sa 10.30–19 Uhr, sonst 10.30–17 Uhr; letzter Zugang eine Stunde vor Kassenschluss | **Tipp** Gegenüber der Kathedrale bieten die farbigen Hausfassaden zu Beginn der Calle de la Dormitalería schöne Fotomotive.

8 Der Freilufttreff
Pulsierendes Leben

Spanische Plätze sind Freilufttreffs par excellence, Aushängeschilder und gute Stuben, Schnittstellen im urbanen Trubel, Ruhepole, Nachrichtenbörsen. Hier findet sich ein flanierender, schwätzender, rastender, händchenhaltender Querschnitt ein. Das ist in Pamplona nicht anders.

Plaza del Castillo heißt hier der Hauptplatz, auf Deutsch »Schlossplatz« – längst ohne Schloss, zentraler Fixpunkt ist der Pavillon. Teile des Platzes sind von Arkaden umzogen, in denen sich der Stimmenhall aus Cafés und Restaurants verfängt; im legendären Café Iruña von 1888 ging einst Ernest Hemingway (siehe Kapitel 6) ein und aus. Da Spanier ungern zu sich nach Hause einladen, fällt den Einkehrmöglichkeiten an Plätzen ein umso größerer Stellenwert zu.

Schweift der Blick rundum über die Fassaden, fällt auf, dass manche extrem schmal daherkommen. Die Erklärung ist einfach, denn in früheren Zeiten war die Höhe der Steuer an die Breite der Fassade geknüpft. Auch im Südwesten Europas waren der Phantasie keine Grenzen gesetzt, wenn es um staatliche Geldeintreibung ging. Der gewaltigste Bau, der an den Platz stößt, ist der Navarra-Palast (Palacio de Navarra). Dort residieren die regionalen Regierungslenker, die – unabhängig von der Parteizugehörigkeit – schon oft genug in Korruptionsaffären verstrickt waren und selbstredend jedwede Schuld von sich wiesen. Ein internationales Phänomen …

Die Plaza del Castillo misst 8.000 Quadratmeter und ist somit einer der größten Stadtplätze Spaniens. Nimmt man Architektur und Stimmung als Gradmesser, sind die Plätze in Madrid und Salamanca schöner – macht aber nichts. Auch so wird jeder seine kleine Erfüllung finden. Ob auf Terrassen wie im Windsor und Txoko bei Kaffee, Wein und Mahlzeiten oder einfach auf Ruhebänken, die bis zu XXL-Formaten reichen. Zur wärmeren Jahreszeit spenden Platanen Schatten, blühen Blumenbeete in bunter Pracht.

Adresse Plaza del Castillo, 31001 Pamplona | **Anfahrt** Anfahrt bis an den Altstadtrand. Die nächsten Parkhäuser liegen an der Stierkampfarena und der Plaza del Castillo. | **Tipp** Ausgehfreudige zieht es in die beliebte Kneipengasse Calle de San Nicolás, die sich von der Plaza del Castillo löst.

9 Ignatius von Loyola
Eine folgenschwere Verwundung

Die Schmerzen sind fürchterlich. Der Gesichtsausdruck ist verklärt, lethargisch. Ein treuer Hund kauert neben ihm. Drei Helfer haben ihn auf eine Tragbahre gelegt. Alles ist bereit zum Aufbruch. Diese Szene zeigt das Denkmal für Ignatius von Loyola (1491–1556) in der Innenstadt von Pamplona.

Leuchten wir zum Verständnis die Hintergründe aus. Ignatius entstammte einem Adelsgeschlecht, seine Familie lebte im baskischen Küstenhinterland auf der Turmburg von Loyola. Ihm war nichts Weltliches fremd, er verstand sich bestens auf den Umgang mit Waffen. Am 20. Mai 1521 half er in Pamplona bei der Verteidigung gegen die Franzosen. Eine Kanonenkugel zertrümmerte den unteren Teil des rechten Beins, auch das linke wurde in Mitleidenschaft gezogen. Der Schwerverletztentransport, wie man ihn auf dem Denkmal sieht, setzte sich zum elterlichen Turmhaus in Bewegung, Luftlinie 65 Kilometer nordwestwärts, über rumplige Straßen und Wege deutlich länger. Bis zur Ankunft vergingen fast zwei Wochen, so sagt man. Daheim unterzog sich Ignatius qualvollen medizinischen Eingriffen. Er kämpfte ums Überleben und wusste, dass seine Militärkarriere beendet war. Über Monate war er ans Krankenbett gefesselt, las zum Zeitvertreib Legenden von Heiligen – was in ihm ein neues Feuer entfachte. »Wie wäre es, wenn ich all das täte, was der heilige Franziskus getan hat, oder das, was der heilige Dominikus tat?«, fragte er rückblickend in seiner Autobiografie.

Ignatius schwor den Waffen ab und gab sich Bußübungen hin. Er ging nach Paris und legte 1534 mit einigen Glaubensgefährten das berühmte Gelübde auf dem Montmartre ab. Gemeinsam verpflichteten sie sich, Christus in Armut nachzufolgen und ihr Leben »zum Nutzen für die Seelen« zu verbringen. Es war der Keim des neuen Ordens der Jesuiten, dessen erster Generaloberer Ignatius wurde. Alles wegen einer Kanonenkugel in Pamplona.

Adresse Denkmal (Monumento a San Ignacio de Loyola) an der Ecke der Avenida de San Ignacio/Calle Cortes de Navarra, 31002 Pamplona; etwa 200 Meter von der Plaza del Castillo entfernt, schräg gegenüber der Ignatius-Basilika. | **Anfahrt** Anfahrt bis an den Altstadtrand. Die nächsten Parkhäuser liegen an der Stierkampfarena und der Plaza del Castillo, ab dort weiter zu Fuß. | **Tipp** Zusätzlich gibt es eine Bodengedenkplatte an jenen 20. Mai 1521 auf dem Bürgersteig der Avenida de San Ignacio, vor dem Seiteneingang zur Ignatius-Basilika.

10 Der Rathausplatz
Wo Pilger- und Stierstrecke aufeinandertreffen

Jeder, der die Altstadt Pamplonas durchstreift, will wissen: Ja, wo ist sie denn, die weltberühmte Stierlaufstrecke, die man daheim bei Fernsehübertragungen des Volksfestes San Fermín im Juli gesehen hat? Ein prägnantes Stück verläuft über den Rathausplatz (Plaza Consistorial), wo das Ganze eine befremdliche Note bekommt, denn: Die Stiere kommen von der einen Seite, die Jakobspilger von der anderen – zum Glück aber nie zur selben Zeit.

Beherrschender Bau ist – wie sollte es anders sein – das Rathaus, das im Glanz seiner Barockfassade erstrahlt. Der Rest des Gebäudes dahinter ist erneuert und für eine Stadt dieser Größe viel zu klein. Da passt ein ausgewachsener spanischer Behörden-Wasserkopf nicht rein; daher sind viele Ämter ausgelagert.

Beim Betrachten der Fassade im Detail steigt der Blick zur Ruhmesfigur auf dem Dach auf. Daneben tragen Löwen die steinernen Wappen Pamplonas und der Region Navarra. Herkulesfiguren an den Seiten symbolisieren die Stärke der Fundamente (und natürlich der jeweiligen Lenker der Stadtgeschicke). Die Bildnisse neben dem Haupteigang versinnbildlichen Gerechtigkeit und Vorsicht. Darüber auf den Balkonen finden sich am 6. Juli honorige Offizielle und Ehrengäste ein, um (Glocken-)Schlag zwölf Uhr mittags möglichst nah dran zu sein am Abschuss der Eröffnungsrakete. Dann kann der Exzess des weingespeisten Volksfestes San Fermín bis zum 14. Juli losgehen, geschlagene 204 Stunden lang. Vorausgesetzt, Pandemien machen keinen Strich durch die Rechnung.

Kurz zurück zum Stierlauf: Dieser beschränkt sich einzig auf die Zeit des Volksfestes und ist ein Minutenspektakel, jeden Tag vom 7. bis 14. Juli um 8 Uhr. Pilger kämen um diese Tageszeit gar nicht durch, selbst wenn sie wollten. Jahresdurchgängig bleibt auf dem Rathausplatz eine Holzhürde stehen, die veranschaulicht, wie hier zum San Fermín alles abgesperrt ist. Hinzugesetzt sei, dass Pamplona außerhalb der wilden Tage um Längen angenehmer ist.

Adresse Plaza Consistorial, 31001 Pamplona | **Anfahrt** Anfahrt bis an den Altstadtrand. Die nächsten Parkhäuser liegen an der Stierkampfarena und der Plaza del Castillo, ab dort weiter zu Fuß. | **Tipp** Stiere ohne Tierquälerei zeigt das Stierhatz-Monument (Monumento al Encierro) des baskischen Bildhauers Rafael Huerta an der Straßenecke der Avenida Carlos III el Noble und der Calle Roncesvalles. Das Betreten ist allerdings verboten, seit es vor Jahren einem Touristen fast gelang, sich auf den Bronzehörnern aufzuspießen.

11 San Saturnino

Kirche für einen Märtyrer aus Toulouse

Grazil steigt der Wehrturm der Kirche San Saturnino hinter dem Rathausplatz am Jakobsweg auf. Geweiht ist das gotische Gotteshaus einem Heiligen, der zu Römerzeiten im 3. Jahrhundert lebte und im südfranzösischen Toulouse das Bischofsamt bekleidete: Saturnin, auf Spanisch Saturnino, auf Französisch Cernin. Laut Überlieferung führte ihn eine Missionierungsreise über die Pyrenäen hinweg bis nach Pamplona, wo er die ersten Christen der Stadt taufte: mit Wasser aus einem Brunnen bei der jetzigen Kirche San Saturnino. Unter den Täuflingen befand sich ein gewisser Fermín, der später die Bischofswürde von Pamplona annahm und dem das Stadtfest im Juli gewidmet ist.

Zurückgekehrt nach Toulouse, wurde Saturnin festgenommen und ein Opfer der Christenverfolgungen. Das Martyrium zeichnete der Verfasser des Codex Calixtinus nach, im Mittelalter das wichtigste Sammelwerk zum Jakobsweg und Jakobuskult. Dort liest man über Saturnins gewaltsames Ende, das sich um das Jahr 250 zugetragen haben soll: »Von den Heiden im Kapitol von Toulouse ergriffen, banden sie ihn an ungezähmte wilde Stiere, die ihn vom höchsten Punkt der Befestigungsanlage über eine Meile die Steintreppen hinabschleiften und dabei seinen Schädel zerstörten und die Eingeweide hervorquellen ließen. Würdig übergab er, den Körper ganz zerrissen, Christus seine Seele.«

Der Jakobsweg führt am Nordzugang zur Vorhalle der Kirche San Saturnino längs. Im Innern ist die Skulptur des Heiligen im Hochaltar punktgenau in Szene gesetzt: sitzend als Bischof über einem Stiersymbol, flankiert von Johannes dem Täufer und dem Apostel Jakobus. Das spärliche Licht macht die Kirche besonders stimmungsvoll. Unter den Schritten knarrt der Holzboden, in den 235 nummerierte Gräber eingelassen sind; bis 1813 fanden hier treue Gemeindemitglieder ihre letzte Ruhe.

Saturnin ist Stadtpatron von Pamplona, sein Gedenktag der 29. November.

Adresse Iglesia de San Saturnino, Calle de San Saturnino, 31001 Pamplona, http://iglesiasansaturnino.com | Anfahrt Anfahrt bis an den Altstadtrand. Die nächsten Parkhäuser liegen an der Stierkampfarena und der Plaza del Castillo, ab dort weiter zu Fuß. | Öffnungszeiten Mo–Sa 9.15–12 und 18–19.30 Uhr, So 10–13.30 und 18.30–19.30 Uhr | Tipp Zur fotografischen »Blauen Stunde« am Abend macht die angestrahlte Kirche einen besonderen Eindruck.

12 Die Friedensinsel
Krieg und Frieden – Beispiel für einen Wandel

Monumental war der Auftakt des Wegs durch Pamplona mit dem Gang durch die Stadtmauern, monumental ist das Ende. Hinter dem historischen Kern führt die Pilgerroute durch Wiesenzonen, die auf die Zitadelle (Ciudadela) zulaufen. Ab 1571 entstand sie auf Betreiben von Spaniens König Philipp II. in Form eines fünfstrahligen Sterns. Der Blick war dabei zuvorderst auf die ungeliebten Nachbarn jenseits der Pyrenäen gerichtet: die Franzosen, denen man jederzeit Angriffe zutraute.

Das Areal nimmt eine Fläche von annähernd 300.000 Quadratmetern ein. Das Herzstück war als soldatisches Dorf konzipiert, angelegt um einen Hauptplatz, den sogenannten Waffenplatz (Plaza de Armas). Kulturhistorisch gilt die Zitadelle als eines der besten Beispiele militärischer Renaissance-Architektur in Spanien – doch ist nicht alles, was im Ursprung mit verblendetem Verteidigungs- und Kriegsdenken zu tun hat, suspekt? Hier haben die Zeiten den Dreh geschafft.

Längst ist die Zitadelle zu einer gigantischen Friedensinsel erwachsen, einem Naherholungsgebiet. Durch die alten Festungsgräben führen Strecken für Spaziergänger, Jogger, Hundeausführer. Die Gebäude um den Waffenplatz haben eine Neunutzung erfahren und geben heute den Rahmen für temporäre Kunstausstellungen, die kostenlos zugänglich sind: ob im Waffenlager, der Pulverkammer oder im Ofenhaus. Dort, wo einst Aufmärsche stattfanden, stehen reichlich Ruhebänke, setzen Skulpturen moderne Kunstnoten, wurzeln teils exotische Bäume. Da heißt es: die Vergangenheit ausblenden und einfach tief durchatmen im Grünen.

Interessant sind die einzigen beiden Zugänge. Zur Innenstadtseite an der Avenida del Ejército liegt ein kleines Portal, von dem sich ein kurzer Tunnel löst, der auch für Kutschen geeignet war. Noch pittoresker wird es zur Vorstadtseite an der Vuelta del Castillo mit einem langen, mehrteiligen Brückenübergang.

Adresse Ciudadela, Avenida del Ejército, 31002 Pamplona | **Anfahrt** Rund um die Zitadelle nur gebührenpflichtiges Parken in blauen Zonen; das nächste Parkhaus heißt Baluarte. | **Öffnungszeiten** Mo–Fr 7.30–21.30 Uhr, Sa 8–21.30, So 9–21.30 Uhr; Ausstellungen gewöhnlich Di–Sa 11.30–13.30 und 18/18.30–20.30/21 Uhr, So 11.30–13.30 Uhr | **Tipp** Den Spuren des Stadtheiligen San Fermín folgt man am Ende des Pilgerwegs durch die Altstadt in der Kirche San Lorenzo; dort befindet sich sein Reliquienschrein in der San-Fermín-Kapelle.

SIERRA DEL PERDÓN

13 In windiger Höhe
Eine Hommage an die Pilger

Oft bläst es kräftig über die Sierra del Perdón, jenen Gebirgszug, der das Vorpyrenäenbecken von Pamplona nach Südwesten hin abschirmt. Windkrafträder wirbeln, Pilger fühlen sich durchgepustet. Für sie ist es hinter dem Dorf Zariquiegui kräftezehrend bergan gegangen, bis sich die Lage auf einem Flachstück über den Kamm kurz entspannt. Dies ist ein phantastischer Aussichtspunkt mit Blick auf den nächsten Landstrich Valdizarbe, in den der Jakobsweg nach der Überquerung des einsamen Bergsträßchens hinabführt.

Auf der Höhe, schräg unterhalb eines Windkraftrads, zieht eine metallene Pilgergruppe den Weg entlang. Frauen und Männer mit wehenden Haaren und einfachen Bündeln. Auf einigen Umhängen sieht man die Schale der Jakobsmuschel, seit dem Mittelalter das verbindende Pilgerzeichen. Ein Paar genießt den Komfort hoch zu Pferd; beide halten eine stilisierte Standarte. Begleiter ist ein Hund. Davor trottet ein Esel voran, die Beine seines Reiters baumeln fast bis zum Boden. Die meisten Figuren sind zu Fuß unterwegs. Wie meterhohe Antennen wachsen ihre Pilgerstäbe gen Himmel. Das moderne Monument des Bildhauers Vicente Galbete ist eine Hommage an die Gemeinschaft der Pilger und so etwas wie ein Blick in alte Zeiten. Einzeln, mit dem Partner, im Familienverbund zog man über Wochen, Monate nach Santiago de Compostela. Die Stimmung vor dem Aufbruch in die Fremde schwankte zwischen Spannung, Neugier, Ungewissheit, Abenteuerlust. Was würde einen fern der Heimat erwarten? Welchen Strapazen würde man ausgesetzt sein? Würde man jemals zurückkehren?

Auf der anderen Seite des Sträßchens stimmt heute etwas anderes nachdenklich: ein steinernes Memorial für 92 Opfer des Spanischen Bürgerkriegs (1936–39), die in der Sierra del Perdón exekutiert wurden. Das stößt umso stärker die Sehnsucht nach Toleranz und Frieden an, für die auch der Jakobsweg steht.

Adresse Gebirgszug Sierra del Perdón zwischen Pamplona und Puente la Reina | **Anfahrt** Ab der alten Landstraße Pamplona-Puente la Reina (also abseits der Autobahn A-12) führt ein asphaltierter Abzweig in die Sierra del Perdón bis zum Pilgermonument am Jakobsweg; dort kann man gleich gegenüber am Straßenrand parken. | **Tipp** Motorisierte können gut bis Zariquiegui fahren und ab dort bis zum Denkmal wandern.

SANTA MARÍA DE EUNATE

14 Die schönste Kirche
Ein Juwel der Romanik

Allein der Blick aus der Ferne sorgt für Gänsehaut: ein einsames Kirchlein auf freiem Feld, verloren und erhaben zugleich. Santa María de Eunate, kurz: Eunate, ist ein Juwel der Romanik, die vielleicht schönste Kirche überhaupt auf dem Jakobsweg. Wie magisch zieht die Aura heran und hinein. Dazu passt die geheimnisumwitterte Baugeschichte, die um 1170 begann. Es gibt verschiedene Theorien, welchem Zweck das kleine Gotteshaus ursprünglich dienen sollte: als Grabeskirche für Jakobspilger, als Begräbnisstätte für eine hochgestellte Dame der Gegend oder zur Gründung des Templerordens, der an diversen Punkten des Jakobswegs Besitzungen besaß. Die Zeit hat allerdings die Spuren verwischt; der definitive Ursprung ist nicht mehr zu klären.

Der Begriff Eunate leitet sich aus dem Baskischen ab, steht für »hundert Pforten« und zielt auf den Arkadenumlauf ab, der im 18. Jahrhundert zum Teil ersetzt wurde; »hundert Pforten« sind es indes nicht, aber immerhin gut ein Drittel davon. Der romanische Hauptbau hat einen oktogonalen Grundriss, eine Kuppel und einen doppelbogigen Glockenaufsatz. Im Innern filtern Alabasterfenster milchtrüb das Licht. In die sternförmig aufwärtsstrebenden Bögen mag man muselmanische Einflüsse hineininterpretieren. Im Halbdunkel wacht das Bildnis der namensgebenden Santa María de Eunate hinter dem Altar und wirft Schatten an die Wand der Apsis; die gekrönte Marienskulptur mit dem ebenfalls gekrönten Kind ist eine Nachbildung, die das romanische Original ersetzt. Wer hier auf einer der Holzbänke Platz nimmt, vergisst rasch Raum und Zeit.

Wieder draußen, sollte man das Bauwerk umrunden und dabei die Sparrenköpfe und eingravierten Steinmetzzeichen beachten. Der Arkadenumlauf dürfte ganz früher durch ein Dachkonstrukt mit der Kirche verbunden gewesen sein und Pilgern als Witterungsschutz gedient haben. Sensible Gemüter spüren um Santa María de Eunate eine positive Erdenergie.

Adresse am Ende des Aragonesischen Wegs (siehe Kapitel 15), für Pilger im Dorf 31152 Muruzábal als Umweg ausgewiesen, http://santamariadeeunate.es | **Anfahrt** Abfahrt ab der Autobahn A-12 kurz vor Puente la Reina, dann den Schildern nach Eunate folgen | **Öffnungszeiten** extrem schwankend, im Zweifel muss man sich mit einer Außenbesichtigung begnügen, was aber ebenfalls lohnt | **Tipp** Wer ab dem Kirchlein dem Pilgerweg hinauf auf den nächsten Hügel folgt, hat einen schönen Blick zurück auf das Bauwerk.

15 Die große Vereinigung
Unterwegs zum eigenen Grab

Am Ortsbeginn von Puente la Reina steht auf einer Verkehrsinsel – eher unscheinbar – ein Denkmal des Jakobus. Hier setzt der Heilige ein besonderes Zeichen der Vereinigung, denn an dieser Stelle treffen zwei große Jakobswegachsen aufeinander: der Aragonesische Weg (Camino Aragonés) und der Französische Weg (Camino Francés). Fortan führt nur ein einzelner Weg, der Camino Francés, weiter durch Nordspaniens Inland bis Santiago de Compostela. Der Name des Aragonesischen Wegs leitet sich von der spanischen Region Aragonien ab, in die die Pilger über den 1640 Meter hohen Pyrenäenpass Somport gelangen; ab dort geht es weiter über die Städtchen Jaca und Sangüesa. Der Französische Weg ist der ureigene Jakobswegklassiker, der vom französischen Saint-Jean-Pied-de-Port bis zum 1057-Meter-Pyrenäenpass Ibañeta aufsteigt (siehe Kapitel 1) und quer durch die spanische Region Navarra nach Puente la Reina leitet.

Die Skulptur des Jakobus ist aus Eisen geschmiedet und trägt die Insignien eines mediävalen Pilgers: den Umhang, den breitkrempigen Hut, den Stab und eine daran befestigte Schale der Jakobsmuschel. Zugabe des Künstlers Gerardo Brun ist ein kleines Christuskreuz vor der Brust.

Im Grunde muten Darstellungen wie diese seltsam an, denn als Jakobspilger ist Jakobus gewissermaßen auf dem Weg zum eigenen Grab in Santiago de Compostela. Insofern geht die Deutung einen Schritt weiter: der Heilige in symbolischer Vorbildfunktion, um Pilger anzuspornen. Der Ausdruck dieser Skulptur dürfte allerdings etwas fröhlicher sein. Aufgestellt wurde sie im heiligen Jakobusjahr 1965, als – im Vergleich zum Boom im Mittelalter und heute – nicht allzu viel Betrieb auf dem Jakobsweg herrschte. Heilige Jakobusjahre fußen auf einem päpstlichen Privileg aus dem 12. Jahrhundert und stehen immer dann an, wenn der Gedenktag des Heiligen, der 25. Juli, auf einen Sonntag fällt.

Adresse 31100 Puente la Reina | **Anfahrt** Puente la Reina liegt an der Landstraße NA-1110; Abzweig ab der Autobahn A-12, Parkplätze rund um die kleine Altstadt. | **Tipp** Kulinarisch genießt der Ort Bekanntheit wegen der umliegend angebauten Paprika, die geröstet und / oder eingelegt werden. Saison ist im September und Oktober.

PUENTE LA REINA

16 Der rheinische Christus
Ein Marsch auf Pilgerschultern

Jakobspilger hin oder her – wer einmal einen Rucksack von zehn Kilogramm oder mehr über längere Zeit vorangeschleppt hat, weiß, was das für die Schultern und den Rest des Körpers bedeutet. Umso unglaublicher ist die Geschichte, die hinter dem Christuskreuz in der Kirche Crucifijo in Puente la Reina steckt.

Es ist ein ungewöhnlicher Christus, gekreuzigt auf einem natürlich wirkenden Baumstamm in Y-Form, ein Symbol für den Baum des Lebens. Der Kopf mit der Dornenkrone im wirren Haar hängt schräg rechts hinab. Brustabwärts krümmt sich der ausgemergelte Körper ganz leicht nach links. Die Füße sind schmal und übereinandergelegt. Das Schnitzwerk entstand im 14. Jahrhundert im Rheinland, vermutlich im Raum Xanten. Ab dort ging es auf eine Reise ohne Wiederkehr: etwa 1.500 Kilometer auf den Schultern einer Wallfahrergruppe nach Puente la Reina, so sagt man. Die Kraftanstrengung muss unvorstellbar gewesen sein. Der Pilgerzug dürfte überall gehörig Aufsehen erregt haben.

Im Dunkel der Geschichte verliert sich, warum das Unternehmen in Puente la Reina endete. Steckte eine Auftragsarbeit dahinter, eine Stiftung? Oder war die Erschöpfung der Teilnehmer zu groß, um zum eigentlichen Ziel Santiago de Compostela weiterzuziehen? Erkrankten manche von ihnen schwer oder verstarben gar? Fest steht: Der rheinische Christus blieb hier – und brauchte eine angemessene Stätte der Verehrung. So erweiterte man das ursprünglich romanische Marienkirchlein am Jakobsweg um ein gleichartiges Kirchenschiff, obgleich mittlerweile die Gotik aufgekommen war. In der polychromierten Apsis gab man dem Gekreuzigten einen Ehrenplatz; bis heute lassen sich blaue Farbreste erkennen.

Der Gesamtausdruck der Skulptur ist an Dramatik, an Ergriffenheit kaum zu übertreffen. Die Stille im Kirchenraum und der Lichteinfall durch Alabasterfenster verstärken die Empfindung – dazu muss man nicht gläubig sein.

Adresse Calle del Crucifijo, 31100 Puente la Reina | **Anfahrt** Puente la Reina liegt an der Landstraße NA-1110; Abzweig ab der Autobahn A-12, Parkplätze rund um die kleine Altstadt. | **Öffnungszeiten** in der Regel Mo–Fr 9–18 Uhr, Sa/So 10.30–18 Uhr, im Sommer abends mitunter bis 20 Uhr | **Tipp** In der Kirche hat auch Maria ihren Platz: ein wunderschönes kleines Bildnis im zweiten Schiff.

PUENTE LA REINA

17 — Vorhang auf
Die Enthauptung des Jakobus

Vorhang auf für eine barbarische Szene. Rechts steht der Befehlsgeber in römischer Kluft, links der Henker. Dieser hält in der Rechten sein hocherhobenes Schwert, bereit zur Enthauptung. Das Opfer kniet zwischen beiden Männern auf dem Boden, hat den Blick gesenkt und hält die Arme vor der Brust verschränkt: der Apostel Jakobus. So erlitt er im Jahre 43 oder 44 sein Martyrium in Jerusalem.

Vorhang auf – das ist tatsächlich so bei dieser polychromierten Relieftafel rechts unten im Hochaltar der Jakobskirche (Iglesia de Santiago) in Puente la Reina. Zwei Engel schieben einen rot-goldenen Vorhang zur Seite, als wäre es ein Bühnenstück. Auf das Martyrium folgt der komplexe Stoff der Jakobuslegende, der unerlässlich ist, um die Herausbildung des Jakobswegs zu verstehen. Zwei Jünger, Theodorus und Athanasius, nehmen sich des Leichnams an. Sie schaffen ihn aus Jerusalem heraus und bis zum nächstgelegenen Hafen. Dort steht ein Schiff bereit, das der Engel des Herrn bis nach Galicien steuert. Im Nordwesten Spaniens gelandet, bringen die Jünger den Leib des Jakobus mit einem Ochsenkarren ein Stück landeinwärts bis in einen Wald. Dort geben sie ihm die letzte Ruhe, bevor sich der Schleier des Vergessens über die Grabstätte legt. Viele Menschenalter später, im 9. Jahrhundert, deuten Lichter auf jene Stelle, die Bischof Theodemir wiederentdeckt – die Geburt des Wallfahrtsziels Santiago de Compostela und des Jakobswegs dorthin.

Wissenschaftliche Beweise für die Vorkommnisse und ein Jakobusgrab fehlen. Zu bedenken bei der Gewichtung des Wahrheitsgehaltes gilt, dass die Nachzeichnung der Geschichte erst im Mittelalter entstand. Die Bibel verbürgt einzig das Martyrium des Jakobus unter Herodes Agrippa I. in einem Satz: »Jakobus, den Bruder des Johannes, ließ er mit dem Schwert hinrichten« (Apostelgeschichte 12,2). Was danach genau geschah, weiß niemand.

Adresse Iglesia de Santiago, Calle Mayor, 31100 Puente la Reina | **Anfahrt** Puente la Reina liegt an der Landstraße NA-1110; Abzweig ab der Autobahn A-12, Parkplätze rund um die kleine Altstadt. | **Öffnungszeiten** in der Regel täglich 10.30–19.30 Uhr; je nach Jahreszeit kann es eine Mittagspause geben | **Tipp** Die Gegend um Puente la Reina bietet sich auch zum Besuch von Weingütern an, darunter die Bodega Señorío de Sarria (Tel. 0034/948/202200, www.bodegadesarria.com).

18 Die schwebende Maria
Zuspruch von ganz oben

Bleiben wir noch ein wenig in der Jakobskirche von Puente la Reina, die hinter dem maurisch inspirierten Stufenportal mit ihrer Hallengröße überrascht. Pendant zur Martyriumsszene des Jakobus im Hochaltar ist eine polychromierte Relieftafel links unten, im selben Stil mit dem Effekt des Vorhangs herausgearbeitet. Hier öffnet er sich für eine Begebenheit während der Mission des Apostels in Spanien. Skeptiker zweifeln per se an, dass Jakobus je dort gewesen ist. Nachprüfbare Fakten existieren nicht.

Hält man die Überlieferung dagegen, zogen sich die Evangelisierungsmühen des Jakobus über mehrere Jahre. Unermüdlich wandert er hin und her. Die Frustration steigt, denn Erfolg hat er so gut wie keinen. Fast niemand folgt ihm oder interessiert sich für die Worte Gottes, die er säen will. Er stößt auf Feindseligkeiten und Aufruhr der Ungläubigen. Den römischen Autoritäten ist er ein Dorn im Auge. In Granada will man ihn sogar töten. Zweifel und Selbstzweifel nagen an ihm.

So auch, als er eines Tages Caesaraugusta erreicht, das jetzige Zaragoza, und entkräftet an den Flussufern des Ebro steht, gestützt auf seinen Stab. Es ist ein kalter Januartag des Jahres 40. Ihn fröstelt, innerlich wie äußerlich. Plötzlich reißt ihn ein Leuchten, wie er es nie erlebt hat, aus der Versunkenheit. Unter einem schillernden Strahlenmeer, von Engeln aus den Wolken getragen, schwebt die heilige Maria zu ihm herab. Weitere Engel transportieren eine Säule durch die Luft. Genau diese Szene zeigt die Relieftafel. Ergänzt sei, dass die Gottesmutter auf der Säule Platz nimmt, dem Apostel von dort aus Mut zuspricht und ihm gebietet, ihr zu Ehren in Zaragoza das weltweit erste Marienheiligtum zu begründen.

Die Episode änderte nichts am erfolglosen Verlauf der Mission des Jakobus in Spanien. Ernüchtert kehrte er in die Heimat zurück, wo die Ereignisse dramatisch für ihn ausgingen. Dort starb er alsbald den Märtyrertod.

Adresse Iglesia de Santiago, Calle Mayor, 31100 Puente la Reina | **Anfahrt** Puente la Reina liegt an der Landstraße NA-1110; Abzweig ab der Autobahn A-12, Parkplätze rund um die kleine Altstadt. | **Öffnungszeiten** in der Regel täglich 10.30 – 19.30 Uhr; je nach Jahreszeit gibt es eine Mittagspause | **Tipp** An der Nordwand der Jakobskirche steht auf einem Podest ein gotisches Bildnis des Jakobus als Pilger, das auch »Schwarzer Jakobus« genannt wird.

PUENTE LA REINA

19__Die Casa Martija
Ein Café mit kunterbunten Dekors

Zeit für eine Kaffeepause. In der Pilgergasse, die sich lang und schnurgerade durch Puente la Reina zieht, gibt es reichlich Auswahl. Ein Plätzchen ist besonders empfehlenswert, nicht weit von der berühmten romanischen Brücke entfernt: die Casa Martija, ein kleines Café mit einer Terrasse und viel Reminiszenz an die Vergangenheit.

Ursprünglich 1870 als Kurzwarenhandlung begründet, in der es Zwirn und Knöpfe gab, fungierte die Casa Martija später und bis zur altersbedingten Aufgabe Mitte der 1980er Jahre als Gemischtwarenladen. »Da wurde einfach alles verkauft«, sagt Elena Montalvo, die heute das entsprechend umgestaltete Café betreibt, »Linsen, Kichererbsen, Olivenöl, Seife, Postkarten, Souvenirs.« Wunderbar sind die kunterbunten Dekors im Innern, die teils von der Decke hängen. Mausefallen. Eimer. Eine Milchkanne. Kerzenhalter aus Eisen. Hanfschuhe für die Feldarbeiten. Viehbürsten. Lederne Weinbeutel. Eine Eisenbahnlampe. Besen. Kleiderbügel. Ein Spucknapf aus Keramik und passend dazu ein Schild mit antiquarischem Wert, das anmahnt, nicht auf den Boden zu speien. Ein Prunkstück im Sammelsurium ist die Registrierkasse, die über hundert Jahre alt ist. An der Wand hängt ein angejahrtes Telefon, das früher dem halben Dorf als Kontakt zur Außenwelt diente. »Da wurde für dich angerufen, und irgendwer ging zu dir nach Hause, um dich ans Telefon zu holen«, so Señora Montalvo.

Wer mag, kann sich in der Casa Martija zusätzlich mit kulinarischen Produkten aus der Umgebung Puente la Reinas und Navarra eindecken: flaschen-, dosen-, gläser-, packungsweise. Die Palette reicht von Paprika, Spargel, Honig und Wein bis zu Marzipan von Klausurnonnen. »Am besten laufen die Txantxigorris«, sagt Montalvo und meint damit die Schweineschmalzplätzchen. Echte Hüftgoldbomben, die Pilgern eine Reserve geben. Nach Pause und Stärkung heißt es: Auf zur nahen Brücke!

Adresse Calle Mayor 104–106, 31100 Puente la Reina, Tel. 0034/948/340237 | **Anfahrt** Puente la Reina liegt an der Landstraße NA-1110; Abzweig ab der Autobahn A-12, Parkplätze rund um die kleine Altstadt. | **Öffnungszeiten** Di–So 8.30–14 und 17–20 Uhr, Mo nur 8.30–14 Uhr | **Tipp** Samstags vormittags ist auf dem kleinen Hauptplatz, der Plaza Mena, ein Wochenmarkt terminiert.

PUENTE LA REINA

20 Die romanische Brücke
Milliarden Schritte

Wenn die Steine reden könnten, hätten sie viel zu erzählen seit dem 11. Jahrhundert. Damals stiftete eine Königin Navarras – mutmaßlich Doña Mayor – die Flussbrücke über den Arga, wovon sich der Ortsname Puente la Reina (eigentlich: Puente de la Reina, »Brücke der Königin«) ableitet. Wie viele Milliarden Schritte mögen seit einem Jahrtausend auf dem Übergang verhallt sein! Architektonisch war dies ein Meisterstück und obendrein vorausschauend gebaut. Die kleinen Zwischenbögen schaffen bis heute Entlastung bei Hochwasser. Im Strom der Zeiten untergegangen sind hingegen die Schutztürme an den Enden und eine winzige Marienkapelle auf dem obersten Punkt; einer Legende zufolge flatterte immer wieder ein Vögelchen heran, um dem Marienbildnis das Gesicht mit Flusswasser zu putzen.

Brücken wie diese waren ein Segen für die Pilger, die bis dahin auf Fährschiffer angewiesen waren. Darunter gab es üble Gesellen, die überzogene Preise forderten oder sogar ihre Kähne kentern ließen, um sich der Habe der Ertrunkenen zu bemächtigen.

Das romanische Bauwerk ist das schönste seiner Art auf dem Jakobsweg, ein Wahrzeichen der gesamten Pilgerbewegung. Es wurde mit sieben Bögen und einer Länge von 110 Metern konzipiert, wobei die Breite lediglich vier Meter betrug. Wer die Brücke am Ortsausgang beschreitet, ist sich ihrer wahren Faszination zunächst nicht bewusst. Die beste Perspektive hat man von der funktionalen Fahrzeugbrücke gegenüber – auch wenn diese bei Schwerlastverkehr leicht erzittert. Bislang hat sie zum Glück gehalten, um das Stillleben fotografisch festzuhalten. Beidseits verschwinden die Enden der historisch wertvollen Brücke im Uferdickicht, während bei Windstille Himmel und Wolken im Spiegel des Flusses baden und sich die Halbkreisbögen zum Ganzen schließen. Ein Zauber, den nur die nächsten Vibrationen kurz erschüttern können.

Adresse 31100 Puente la Reina | **Anfahrt** Puente la Reina liegt an der Landstraße NA-1110; Abzweig ab der Autobahn A-12, Parkplätze rund um die kleine Altstadt, Parkmöglichkeiten auch nahe der modernen Brücke. | **Tipp** Gewöhnlich vom 24. bis 30. Juli steigt in Puente la Reina das Patronatsfest zu Ehren des heiligen Jakobus, ein Volksfest mit Musik.

21 Aufgang und Abstieg
Klackende Pilgerstöcke

Cirauqui, das klingt nicht allzu einladend, wenn man die Übersetzung aus dem baskischen Namensursprung kennt: Kreuzotternest. Hauptsache, man tritt in keins rein. Doch das steht in diesem Dorf, das sich weithin sichtbar über einen Hügel erstreckt, nicht zu befürchten. Steil zieht sich der Jakobsweg aufwärts, wie üblich den gelben Pfeilen nach, die auf Hauswände und den Boden gepinselt wurden. Die Teleskopstöcke der Pilger klacken durch die Gassen. Bruchsteinfassaden und Blumenkübel säumen den Weg, schmiedeeiserne Türgitter und ein kleines Kachelbild Mariens, das an einem Haus Schutz verheißen soll. Höchster Pilgerpunkt ist der Rathausplatz, wo der Weg durch eine Art Tunneldurchgang führt. Mittendrin auf einem Tischchen: ein an einer Kette befestigter Stempel, den man sich in Selbstbedienung in den Pilgerpass drücken kann.

Der folgende Abgang durchs Dorf ist so steil wie der Aufstieg. Wäsche trocknet auf Spanngittern. Weinblätter ranken sich an einer Fassade hoch. Stromzählerkästen außen an den Häusern erleichtern das Ablesen. Dann folgt abwärts ein unwegsamer Belag: auf der Calzada Romana, der alten Römertrasse, Cirauquis wichtigster Sehenswürdigkeit. Bei der Herausbildung der Jakobswegstrecken im Mittelalter griff man gerne auf Vorläufer zurück. Sofern sie noch erhalten waren, eigneten sich dazu die Handels- und Heereswege der Römer, die in Spanien bis ins 5. Jahrhundert nach Christus präsent waren.

Die Steine des Römerwegs bohren sich in die Sohlen. Zypressen spenden ein wenig Schatten. Hinter den Resten eines Steinbrückchens ist die historisch wertvolle Passage vorbei – abgelöst durch eine moderne Fußgängerbrücke, die sich über die Autobahn spannt. Der Verkehr erschreckt, das Tempo der Fahrzeuge. Abrupt reißt der Jakobsweg, wie so oft, vom Gestern ins Heute. Und umgekehrt. Eine Pilgerschaft ist stets ein Gang durch die Zeiten.

Adresse 31131 Cirauqui | **Anfahrt** Abzweig ab der Autobahn A-12 | **Tipp** Ein Abstecher führt im Oberdorf zur Kirche San Román mit einem gotischen Stufenportal, das den Portalen der Jakobskirche in Puente la Reina und der Kirche San Pedro de la Rúa in Estella gleicht.

ESTELLA

22 Die Heilig-Grab-Kirche
Ein Höllenmaul und die Zehenspitzen der Apostel

Es müssen nicht immer himmelstürmende Monumente sein, die sich mit Nachdruck einprägen. Bereichernd am Jakobsweg ist eine Vielzahl von eher unscheinbaren Stationen, so wie die Heilig-Grab-Kirche am Ortseingang von Estella. Das Städtchen am Fluss Ega nennt man gerne »Estella la bella«, also »Estella die Schöne«. Die Erklärung für den Namensschmuck: ein Kulturerbe von 20 Kirchen, die seit der Stadtgründung im 11. Jahrhundert hier entstanden. Nicht alle haben sich erhalten.

Obgleich gewöhnlich verschlossen und im Innern ohnehin kaum der Rede wert, zeichnet sich die Kirche des Heiligen Grabes (Iglesia de Santo Sepulcro) durch ihr Äußeres aus, das sich zur Pilgerstrecke hin wendet. Im gotischen Tympanon blättert sich ein phantastischer Bilderkosmos im Kleinformat auf, der ab dem Spätmittelalter vor allem jene Pilger ansprach, die des Lesens und Schreibens nicht mächtig waren. Ein Mosaik winziger Szenen in Stein, komponiert in drei Reihen übereinander.

Im obersten Teil, vor dem Hintergrund zweier Sterne, wird der Gekreuzigte von zwei Soldaten bewacht; einer hält einen riesigen Nagel in Händen. Daneben verharren, deutlich größer dargestellt, Maria und Johannes. Ganz außen und ganz klein: die beiden mitgekreuzigten Verbrecher. Eine Bildreihe tiefer sieht man links die drei Marien am Grab und rechts den Abstieg Christi in die Unterwelt. Gefasst steht er vor dem Höllenmaul, das weit geöffnet ist und alles verschluckt hat; zwei geflügelte Teufelsfigürchen an den gebleckten Zähnen fungieren als Wächter.

Bildhauerischer Höhepunkt ist unten das Letzte Abendmahl mit einer lang gestreckten, leicht geneigt stehenden Tafel. Darauf liegen Brote. Das Tischtuch trägt feine Faltenwürfe. Es zieht sich bis fast auf den Boden hinab, wo die Zehenspitzen Christi und der Apostel hervorlugen. Welch filigranes Werk eines Meisters – dessen Name leider nicht überliefert ist.

Adresse Calle Curtidores, 31200 Estella | **ÖPNV** kleiner Busbahnhof (Estación de Autobuses) an der Plaza de la Coronación | **Anfahrt** Estella liegt an der Landstraße NA-1110; Abzweig ab der Autobahn A-12. | **Tipp** Die nahe der Heilig-Grab-Kirche gelegene Flussbrücke über den Ega ist bekannt als sogenannte Gefängnisbrücke (Puente de la Cárcel) und eine der am steilsten zulaufenden Brücken in Spanien.

ESTELLA

23 Die meisterlichen Phantasien

Wo ein Esel musiziert und Roland kämpft

Dieses Kapitell ist ein Unikat, an dem sich die Phantasie des Künstlers und eine symbolische Lektion für das Leben vereinen. Ganz links spielt ein Esel Harfe, und ein Hund hört ihm andächtig zu. Weiter rechts sind zwei Geizhälse an ein Joch gebunden und schreiten auf Teufelsfiguren und einen Höllenkessel zu, der auf großer Flamme kocht. Damit dürfte jedem klar sein: Wer knauserig ist, weiß nun, wo die Reise hingeht. Ohne Ausnahme. Ohne Gnade.

Weit über Kopfhöhe ziert das Kapitell den romanischen Palast der Könige von Navarra, die eigentlich in Pamplona residierten, aber am Jakobsweg in Estella eine Außenvertretung unterhielten. Etwas näher am Auge des Betrachters ist der legendäre Roland (siehe Kapitel 1) in einen Ritterkampf mit dem Riesen Ferragut verstrickt und stößt diesem gerade mit der Lanze in den einzig verwundbaren Punkt, den Nabel. Dass Ferragut ein maurischer Gigant war, sieht man dem Kapitell nicht an – beide Männer sind gleich groß. Kapitelle hatten eben ihre begrenzte Bearbeitungs- und Darstellungsfläche.

In der Außenansicht weckt der Königspalast aus dem 12. Jahrhundert falsche Erwartungen. Wer sich auf ein royales Interieur aus dem Mittelalter freut, wird enttäuscht. Das Gebäude ist rundum kernsaniert und als Museum aufbereitet – das wiederum überrascht. Die Säle beherbergen eine Werkschau des Malers Gustavo de Maeztu (1887–1947), der aus der baskischen Hauptstadt Vitoria stammte und in Estella verstarb. Er sah sich dem Realismus verpflichtet und von nennenswerten Experimenten ab. Volkstümliche Szenen in Öl auf Leinwand waren seins, Landschaftsansichten, Porträts, Selbstbildnisse.

»Die konstante Unruhe von Gustavo de Maeztu machte einen längeren Aufenthalt an einem konkreten Ort unmöglich«, heißt es in einer Schrift des Museums. Dies mag eine Verbindung zum Weg der Pilger geben. Nur kein Stillstand. Immer weiter.

Adresse Calle de San Nicolás 1, 31200 Estella, http://museogustavodemaeztu.com | ÖPNV kleiner Busbahnhof (Estación de Autobuses) an der Plaza de la Coronación | Anfahrt Estella liegt an der Landstraße NA-1110; Abzweig ab der Autobahn A-12; Parkmöglichkeiten nahe der Altstadt. | Öffnungszeiten Di – Sa 9.30 – 13.30 Uhr, So 11 – 14 Uhr | Tipp Ein Spaziergang führt in die kleine Altstadt um die Plaza de los Fueros.

24 Der halbe Kreuzgang
Ein besonderer Dreh

Nur keine halben Sachen – wer kennt ihn nicht, diesen Spruch? Doch die halbe Sache gibt der Kirche San Pedro de la Rúa einen ungewöhnlichen Reiz. Konkret: der halbe romanische Kreuzgang. Die andere Hälfte wurde im 16. Jahrhundert bei der Sprengung der oberliegenden Burg Zalatambor zerstört. Halb so wild, mag man meinen, denn es ist noch genügend Kulturerbe da. Und dort, wo keins mehr ist, empfinden Rosenstöcke die verschwundene Substanz nach. Eine schöne Komposition.

In der Mitte des Kreuzgangs steht eine Brunnenschale. Der Blick steigt auf zum klobigen Baukörper des Gotteshauses, das im Mittelalter als Wehrkirche konzipiert wurde. Aus den Bogenreihen strebt eine kurios verdrehte Säule empor, die aus vier ineinander verschlungenen Elementen besteht – man sieht aber immer nur drei, unabhängig von der Perspektive. Ein Geniestreich des Steinmetzes. Archäologe und Kirchenführer Mikel Ramos sieht darin »ein Symbol der Dreifaltigkeit«, wie er sagt. Gleichzeitig könnte es eine Art Signatur des Urhebers gewesen sein; verdrehte Säulen wie diese gibt es auch anderweitig in Spaniens Norden, in der Kathedrale von El Burgo de Osma (Provinz Soria) und im Kloster Santo Domingo de Silos (Provinz Burgos). Dies mag ein Licht darauf werfen, dass Kunsthandwerker ein reisendes Volk waren, von einem Ort zum andern zogen.

Bei den Motiven der Kapitelle erkennt man die Verkündigung und Heimsuchung Mariens, den Kampf von Soldaten gegen Ungeheuer sowie das Martyrium des heiligen Andreas. Diese Darstellung spannt den Bogen zu einer Legende um den Bischof aus dem griechischen Patras, der im 13. Jahrhundert auf seiner Pilgerschaft nach Santiago de Compostela in Estella verstarb. Im Gepäck hatte er eine wertvolle Reliquie des Apostels Andreas. »Dort liegt er begraben«, sagt Mikel Ramos und deutet auf eine moosüberzogene Grabplatte im halben Kreuzgang, gleich neben duftenden Rosen.

Adresse San Pedro de la Rúa, Calle de San Nicolás, 31200 Estella | **ÖPNV** kleiner Busbahnhof (Estación de Autobuses) an der Plaza de la Coronación | **Anfahrt** Estella liegt an der Landstraße NA-1110; Abzweig ab der Autobahn A-12 | **Öffnungszeiten** grundsätzlich ausgehen kann man von diesen Zeiten: Mo–Sa 10–13.30 und 18–19 Uhr, So 10–12.30 Uhr | **Tipp** Alternative zum Aufstieg über eine lange Freitreppe ab der Calle de San Nicolás ist ein Stückchen weiter die Auffahrt im modernen Glasaufzug.

AYEGUI

25 Die Kunstschmiede
Feuer und Hammer

Jesus – auf Spanisch mit Akzent geschrieben und hart auf der zweiten Silbe betont: Jesús – ist in Spanien ein gewöhnlicher Vorname. So heißt der Schwiegervater des Autors dieses Buches, so heißt der rührige Kunstschmied im Dorf Ayegui: Jesús Ángel Alcoz, geboren 1965. Seit Jahrzehnten begleiten ihn Feuer und Hammer durch das Arbeitsleben. Das Know-how erwarb er von seinem Vater Moisés, zu dessen Zeiten es eher um Gebrauchsstücke wie Werkzeuge und Gitter ging. Jesús dagegen legte von Beginn an Wert auf künstlerische Akzente. Eines seiner ersten Stücke war eine Blume.

»Die Schmiede von Ayegui« (La Forja de Ayegui) heißt seine Werkstatt direkt am Jakobsweg, der von der Hauptstraße durch Ayegui zur Weinquelle beim Kloster Irache führt. Zwischen Frühling und Herbst lässt Jesús vormittags das Tor offen stehen und bekommt häufig Besuch von Pilgern, die kostenlos durch seine Ausstellung streifen und ihm bei der Arbeit über die Schulter schauen dürfen. Das hat nicht zuletzt einen legitimen Geschäftshintergrund. Wer ganz besondere Andenken vom Jakobsweg sucht, wird hier fündig. Zu günstigen Preisen verkauft Jesús kleine Jakobsmuscheln und Kreuze aus Eisen. Jedes Stück ist handgemacht. »Da gibt es keine zwei gleichen«, unterstreicht er.

Der Künstler in ihm mag es aber auch größer und ausgefallener. Gerne schmiedet er Skulpturen, die abstrakt oder figurativ sein können. Ob Stiere, Schnecken, Menschen. Besondere Vorlieben hat er nicht.

Die Kombination aus Werkstatt und Ausstellung am Jakobsweg führt zwangsläufig zu der Frage, welchen Bezug er selber zum Pilgern hat. Vor vielen Jahren, erzählt er, sei er mit Freunden nach Santiago de Compostela geradelt. Doch die Wallfahrtsstrecke einmal langsamer anzugehen, zu Fuß, das stehe noch aus. An Anstößen mangelt es nicht: »Die Pilger, die zu mir kommen, erzählen mir so viel. Da steigt die Neugier auf den Weg.«

Adresse La Forja de Ayegui, Carretera Estella-Ayegui 91, 31240 Ayegui, Tel. 0034/948/550573, Handy 0034/656/441510, http://forjaayegui.dreamhosters.com | **Anfahrt** Ayegui liegt hinter Estella an der Landstraße NA-1110. | **Öffnungszeiten** Werkstatt und Ausstellung am Jakobsweg meist März–April–Okt. etwa 8–13.30/14 Uhr, gewöhnlich täglich, aber mit vereinzelten Ausnahmen; im Zweifel Terminvereinbarung per Tel. | **Tipp** Das nahe Kloster Irache ist kostenlos zugänglich, aber gewöhnlich nur Mittwoch bis Sonntag geöffnet.

26 Die Weinquelle
Alkoholischer Stopp zum Nulltarif

Der Verfasser des Buches lässt sich gerne belehren, aber ihm ist kein weiterer Ort auf der Welt bekannt, an dem kostenlos Wein hervorquillt. Das ist kein biblisches Wunder, sondern ein handfester Werbeschachzug der Weinkellerei Irache, die direkt am Jakobsweg und in Nachbarschaft des vormaligen Benediktinerklosters Irache liegt.

1991 feierte im Außenbereich der Kellerei die Weinquelle (Fuente del Vino) ihre Eröffnung. Seither ist sie in aller Munde. Die Investition ist überschaubar und deutlich günstiger, als Werbeanzeigen zu schalten.

Es stehen etwa 100 Liter pro Tag zur Verfügung. Wer unterhalb einer steinernen Pilgerfigur den Hahn in Selbstbedienung öffnet, kann es kaum glauben. Es kommt tatsächlich Rotwein heraus, ein solider Tropfen, jung, ein wenig erdig. Einzig während der Coronakrise wurden die Depots nicht massenhaft angezapft und aufgebraucht. Da schwang im Abgang ein Hauch von Essig mit.

Offiziell wird die Weinquelle an die traditionelle Aufnahme und Gastfreundschaft geknüpft, in deren Genuss früher die Ankömmlinge im nebenliegenden Kloster Irache kamen. »Die Mönche empfingen die Pilger mit einem Glas Wein«, so heißt es. Doch längst sind es nicht nur Jakobspilger, die sich bedienen. Oft fahren Reisebusse mit Kofferpilgern auf dem Platz vor der Kellerei vor. Ein kurzes Stück zu Fuß, dem Jakobsweg entgegen, trennt von der alkoholischen Gratis-Erfüllung.

Ein paar Schlucke in Ehren seien jedermann gestattet, und auch ein mitgebrachtes Plastikfläschchen ist legitim. Doch größere Mengen abzufüllen, um damit bis nach Santiago de Compostela zu kommen, wäre schlechter Stil. Abgesehen davon, dass dann ein automatischer Schließmechanismus greift. Sollte die Quelle trotzdem einmal trocken liegen, spendet ein zweiter Hahn Trost: aber nur mit Wasser.

Adresse Fuente del Vino, Bodegas Irache, Monasterio de Irache 1, 31240 Ayegui, www.irache.com | **Anfahrt** kurzer Abzweig zur Kellerei Irache und dem Kloster Irache ab der Landstraße NA-1110 | **Öffnungszeiten** jederzeit frei zugänglich | **Tipp** Die eigentliche Kellerei ist – von der anderen Eingangsseite her – zu besichtigen, gewöhnlich Mittwoch bis Samstag um 12 Uhr; Terminvereinbarung vorab unter Tel. 0034/948/551932. Zum Komplex gehört ein Weinmuseum mit historischen Exponaten.

27 Eine Büste für Borgia
Das Ende eines Papstsohns

Es waren Brosamen der Geschichte eines Promi-Lebens, die im Jahre 1507 auf Viana abfielen. Hier, in der Nähe des letzten Jakobswegorts in Navarra vor dem Übergang in die Rioja, endete das Leben des Cesare Borgia (geboren 1475).

Der italienische Renaissancefürst entstammte der berühmt-berüchtigten Dynastie der Borgia, die ursprünglich in Spanien beheimatet war und gegen Ende des Mittelalters in Italien Fuß fasste. Cesare (César) war Bruder der Lucrezia Borgia (1480–1519) und Sohn von Rodrigo Borgia (1431–1503), der einen Schandfleck in der katholischen Kirchengeschichte setzte. Denn der korrupte, fleisches- und machtgierige Rodrigo schaffte es als Papst Alexander VI. auf den Heiligen Stuhl. Entsprechend weit gesponnen waren die Beziehungsfäden für seine Sprösslinge.

Cesare machte zunächst Kirchenkarriere, wurde im Teenageralter zum Bischof von Pamplona ernannt, dann zum Erzbischof von Valencia, kurz darauf zum Kardinal. Doch seine geistliche Laufbahn war nicht von Dauer. Weltliche Dinge lagen ihm mehr am Herzen. In Italien mischte er bei Eroberungszügen mit und wurde nach dem Tod seines Vaters entmachtet und verbannt. In Spanien kam er in Haft, flüchtete und stellte sich in den militärischen Dienst seines Schwagers Johann III., der König von Navarra war. In einer unüberlegten, sinnlosen Einzelkampfaktion gegen Belagerer aus Kastilien starb er am 12. März 1507 bei Viana. Nach der Bergung seines Leichnams bekam er ein prunkvolles Grab in der Kirche Santa María, doch das ließ ein Bischof zerstören. Draußen zerstreute man seine Reste, damit Menschen und Tiere über sie hinwegtrampeln sollten.

Die Spurensuche von Cesare Borgia führt in der Altstadt von Viana vor das Südportal der Kirche Santa María, wo der Jakobsweg verläuft; eine Marmorplatte im Boden erinnert an ihn. Unweit der Kirche ist er auf der Plaza Oroz als Denkmalbüste zugegen.

Adresse Plaza Oroz, 31230 Viana | **Anfahrt** Über die Landstraße N-111 a, der Ortshügel von Viana ist motorisiert erreichbar, doch die Zahl der Parkplätze begrenzt. | **Tipp** Dreh- und Angelpunkt in der kleinen Altstadt ist gegenüber der Kirche Santa María die Plaza de los Fueros mit den Rathausarkaden. In den Gassen rundherum laden kleine Kneipen und Cafés zur Einkehr ein.

28 Das Gansspiel
Mehr als purer Zeitvertreib

Diese raumgreifende Bodeneinlegearbeit am Jakobsweg in der Altstadt von Logroño ist ein Unikat. Sie veranschaulicht im Großformat das Gansspiel (Juego de la Oca), im Mittelalter ein beliebtes Brett- und Würfelspiel unter Pilgern.

Auf der Spielvorlage verlief der Weg spiralförmig über 63 Felder mit verschiedenen Bildern; auf manchen waren Gänse zu sehen, daher der Name des Spiels. Derjenige, der zuerst das letzte Feld erreichte, hatte gewonnen. Durch ausgefeilte Regeln gestaltete sich dies schwieriger als gedacht. Mit Glück konnte man von »Gans« zu »Gans« hüpfen, mit Pech fiel man zwischendurch in den »Brunnen«, musste im »Gasthaus« aussetzen, verirrte sich im »Labyrinth« und hatte beim »Tod« von vorne zu beginnen. Spielstrategien waren nicht möglich, die Züge schlichtweg vom Würfelzufall abhängig.

Alle Beteiligten mussten den Weg, der bezeichnenderweise nicht gerade verlief, bis ins letzte Feld zurücklegen. Erst dann war das Spiel beendet. Es war nicht als purer Zeitvertreib gedacht: In übertragenem Sinne verlangte es, ebenso wie die Pilgerschaft nach Santiago de Compostela, nach Ausdauer und Beharrlichkeit bei der Bewältigung von Hindernissen. Diese Symbolkraft belässt interpretativen Spielraum und reicht bis zu versteckten Botschaften der Temperritter, auf die das Spiel zurückgehen könnte; gleichwohl ist der Ursprung ungeklärt.

Die Einlegearbeit nahe der Jakobskirche beschert eine besondere Identifikation mit dem Jakobsweg – auch wenn sie nicht zum Spielen gedacht ist. Auf den Feldern erkennt man die einzelnen Etappen sowie prägnante Stationen, wie das Kirchlein Santa María de Eunate oder die am Aragonesischen Weg gelegene Kathedrale von Jaca. Feld Nummer 63 ist hier der Apostelfigur im stilisierten Glorienportal der Kathedrale von Santiago de Compostela vorbehalten. Bis dahin ist es im echten Pilgerleben noch ein weiter Weg.

Adresse Plaza del Juego de la Oca, Calle Barriocepo, 26001 Logroño | **ÖPNV** Busbahnhof (Estación de Autobuses) in der Avenida de España 1 | **Anfahrt** an den Rand der Altstadt von Logroño, am besten von der Landstraße N-111 a her | **Tipp** Wer motorisiert anreist, stellt das Fahrzeug am besten nahe der sogenannten Steinbrücke (Puente de Piedra) über den Ebro ab und folgt dem Verlauf des Pilgerwegs über die Brücke in die Altstadt – ein schöner Spaziergang, sobald der Verkehr hinter einem liegt.

29 Jakobus Maurentöter
Ein grausamer Schlachtenreiter

Wer auf dem Pilgerweg durch Logroño die Kirche des königlichen Jakobus (Iglesia de Santiago el Real) nur streift oder ins hallenartige Innere geht, verpasst das Wichtigste. Dazu muss man außen ein Stück zurücktreten, am besten in die abknickende Gasse, und nach oben blicken. Hoch über dem Portal prescht der Heilige als übermannsgroßes Reiterbild des »Santiago Matamoros« voran, wie er auf Spanisch heißt: Jakobus Maurentöter. Was sich martialisch anhört, ist es auch. Obgleich diese Darstellung aus der späteren Barockzeit datiert, sah sich der Apostel im Mittelalter vor den politischen Karren gespannt. In Vorbildfunktion sollte er die Schlachten der Christen gegen die feindlichen Mauren anspornen und das national-religiöse Gefühl der Zusammengehörigkeit stärken.

Kurz zur geschichtlichen Einordnung. Im Jahre 711 waren die Mauren über die Straße von Gibraltar eingefallen und hatten rasch weite Teile Spaniens unter ihre Kontrolle gebracht. Zur fremden Kultur gehörte die Religion, der Islam. Dagegen bliesen die alteingesessenen Christen allmählich zur »Rückeroberung« (Reconquista), rissen die Territorien wieder an sich und bedienten sich dabei des Apostels Jakobus. Er avancierte zum Schutzheiligen der Reconquista. Um seine Rolle und Symbolik zu bekräftigen, setzte man die Mär der Schlacht von Clavijo in die Welt, einer Ortschaft nahe Logroño. Dort erschien Jakobus den Christentruppen Mitte des 9. Jahrhunderts hoch zu Pferd, schwang wie wild das Schwert und hieb einen Maurenkopf nach dem nächsten ab – wie man es hier an der Kirche sieht.

Das Motiv des grausamen Schlachtenreiters, wie es sich auf Bildwerken und Gemälden verbreitete, ist nichts für sensible Gemüter. Da nützt auch der Versuch nichts, den Terminus »Maurentöter« durch »Ritter« abzuschwächen. 1492 endete die Reconquista in Südspanien mit dem Fall des letzten Maurenreiches von Granada.

Adresse Iglesia de Santiago el Real, Calle Barriocepo 6, 26001 Logroño | **ÖPNV** Busbahnhof (Estación de Autobuses) in der Avenida de España 1 | **Anfahrt** an den Rand der Altstadt von Logroño, am besten von der Landstraße N-111 a her fahren | **Öffnungszeiten** gewöhnlich jeden Tag 8.15–13.15 und 18–20 Uhr | **Tipp** Motorisierte können ab Logroño zum Ort des legendären Geschehens aufbrechen: nach Clavijo, etwa 15 Kilometer südlich und überragt von den Ruinen einer Burg.

LOGROÑO

30 Kneipengetümmel
Eine kulinarische Pilgerschaft

Würde man einen Wettstreit um die »schönste Kneipengasse Spaniens« ausrufen, wäre diese in Logroño garantiert dabei: die Calle del Laurel, was übersetzt »Lorbeergasse« bedeutet. Knapp drei Dutzend Kneipen ballen sich hier, dazu weitere im allernächsten Einzugsgebiet. Oft herrscht drangvolle Enge, Pandemie hin oder her, unterfüttert von einem beachtlichen Lärmpegel. Je nach Tageszeit gehen Spanier wie selbstverständlich mit Kleinkindern und Babys in Kinderwagen auf Tour. Der Nachwuchs saugt die Ausgehtraditionen gewissermaßen parallel zur Muttermilch auf.

Die Calle del Laurel ist ein Wein- und Häppchenparadies und trotz aller Preiserhöhungen erschwinglich geblieben, zumal Logroño keine übermäßig wohlhabende Stadt ist. Die größten Zuläufe herrschen vor der spanischen Mittagessenszeit (quasi als Aufwärmübung) und abends, vor allem freitags und samstags. Der Riojawein fließt in Strömen und kommt nicht zwangsläufig stilvoll in den Schwenker, sondern auch mal ins kleine Wasserglas. In einer Melange aus Düften und Stimmung warten überall verführerische Appetithäppchen (Tapas oder Pinchos). Jede Location zelebriert ihre eigene Häppchen-Spezialität. Mal bodenständiger, mal ausgefeilter. Mal konsumiert man drinnen, mal draußen in der Gasse. Da ein kleines Schichtwerk aus gerösteten Champignons auf einer Scheibe Baguette wie in der Bar Soriano. Dort gegrillte Schweineschnäuzchen oder Artischocken mit Krabben. Ein paar Schritte weiter Foie gras oder Spießchen mit mariniertem Schweinefleisch. Mittlerweile sind manche Kneipiers auf den Zug der Zeit aufgesprungen und haben die vegetarisch und vegan lebende Klientel im Blick.

Typisch ist – für Spanier stets im Stehen – der Kneipenwechsel von Tür zu Tür, um auszukosten, wo es am besten ist. Falls am Ende das Erinnerungsvermögen gelitten hat, beginnt man das Ganze nochmals von vorne. Eine kulinarische Pilgerschaft.

Adresse Calle del Laurel, 26001 Logroño, www.callelaurel.org | **ÖPNV** Busbahnhof (Estación de Autobuses) in der Avenida de España 1 | **Anfahrt** an den Rand der Altstadt von Logroño, am besten von der Stadtumgehung LO-20 her fahren | **Tipp** Nach der Nahrungs- und Alkoholzufuhr in der Calle del Laurel tut ein Spaziergang zum nahen Paseo del Espolón gut, eine Mischung aus Stadtpark und Promenade.

LOGROÑO

31 Die Altstadt
Ein Gesamtkunstwerk

Nur nicht abschrecken lassen, lautet die Devise. Logroño nimmt seine Besucher, wie so viele Städte in Spanien, nicht mit offenen Armen auf. Die Ringe aus phantasielosen Neubauvierteln verdecken einmal mehr das Wesentliche. Die Lage entspannt sich, je näher man der Altstadt auf den steinernen Pelz rückt. Wer die geteilte Fahrzeug- und Pilgerbrücke über den Ebro passiert, sieht markant die Kirchtürme aus der City hervorstechen: die »Nadel« (Aguja), wie der Volksmund den gotischen Spitzturm der Kirche Santa María del Palacio nennt, den quadratischen Turm der ältesten Stadtkirche San Bartolomé und das Turmdoppel der Kathedrale Santa María de la Redonda.

Logroños Altstadt ist ein Gesamtkunstwerk aus Bauwerken, Plätzen, Gassen, Flair. Für Jakobspilger führt der Weg durch die Gassen Ruavieja und Barriocepo: vorbei an der städtischen Pilgerherberge, der Einlegearbeit des Gansspiels (siehe Kapitel 28), dem barocken Pilgerbrunnen (Fuente de Peregrinos) und der Kirche Santiago el Real (siehe Kapitel 29). Die Schlusspunkte setzen die umfunktionierte Tabakfabrik, wo heute die Köpfe von Parlamentariern rauchen, und die Stadtmauerreste mit dem Tor Revellín. Irgendwo dort soll sich im Spätmittelalter ein Wunder ereignet haben, als der italienische Wanderprediger Bernhardin von Siena (1380–1444) auf seinem Jakobsweg durch die Stadt ein verstorbenes Kind zum Leben erweckte. Eine weitere Überlieferung besagt, dass Franz von Assisi (um 1182–1226) bei seiner Wallfahrt nach Santiago de Compostela in Logroño ein Kind heilte.

Lang gestreckt, lebhaft und von Arkaden gesäumt ist die Fußgängerzone Calle de Portales, die auf den historischen Marktplatz führt, die Plaza del Mercado. Erhaben wirft sich dort die Westfassade der Kathedrale mit ihren Dekors auf, die wie ein barocker Hochaltar gestaltet ist. Zur wärmeren Jahreszeit finden sich Weißstörche ein.

Adresse 26001 Logroño | **Anfahrt** an den Rand der Altstadt von Logroño, am besten von der Stadtumgehung LO-20 her | **Tipp** Es lohnt ein Besuch im Rioja-Museum (Museo de La Rioja, www.museodelarioja.es) an der Plaza de San Agustín. Es ist in einem Barockpalais samt Nebengebäude untergebracht und zeigt unter anderem archäologische Stücke, historische Gemälde und Skulpturen. Öffnungszeiten: Di–Sa 10–20.30 Uhr, So 10–14 Uhr.

LOGROÑO

32 Der olfaktorische Schock
Da liegt Übles in der Luft

Etwas düster wirkt sie im Innern, die Kathedrale Santa María de la Redonda, die zwischen dem 15. und 18. Jahrhundert entstand. Ein Blickfang ist die Marienkapelle Nuestra Señora de los Ángeles, die sich hinter dem Chor anschließt und mit barocken Kuppelgemälden verziert ist. So weit, so gewöhnlich. Doch in der kleinen Seitenkapelle Pilar – mit Blick auf den Hauptaltar: rechts – erwartet Besucher ein Gemäldemotiv, das man in einer Kirche vielleicht noch nie gesehen hat. Da liegt etwas in der Luft, etwas sehr Übles nämlich. Um einen geöffneten Sarg gruppiert, halten sich fast alle Umstehenden die Nase zu. Der Brechreiz ist quasi mit Händen zu greifen.

Das Gemälde stammt von einem Anonymus aus dem 17. Jahrhundert und zeigt, warum Francisco de Borja (1510–1572) letztlich sein Leben komplett umkrempelte. Er stammte ebenso wie der im nahen Viana zu Tode gekommene Cesare Borgia (siehe Kapitel 27) aus dem Adelsgeschlecht der Borgia. 1539 begleitete Francisco die Überführung der verstorbenen Gemahlin von Spaniens König Karl I., Isabella von Portugal, von Toledo nach Granada. Über zwei Wochen war die Totenkarosse von Zentral- nach Südspanien unterwegs. In Granada kamen Borja notarielle Pflichten zu. Gemäß den gängigen Vorschriften galt es, den Sarg zu öffnen und die Identität des Leichnams zu bestätigen. Als man im Beisein des Bischofs und einiger Granden den Deckel hob, machte sich eine pestilenzialische Aura breit. Für alle war der Anblick Isabellas ein Schock. Der von Fäulnis zersetzte Körper hatte nichts mehr mit jener Person gemein, die Borja – auf dem Gemälde in der Kapelle rechts, nah dran am Kadaver – gekannt und verehrt hatte.

Unter dem Eindruck der Vergänglichkeit des irdischen Daseins gelobte Borja später: »Ich werde nie mehr einem Sterblichen dienen.« Er stellte sich ganz in den Dienste Gottes und schloss sich dem Orden der Jesuiten an.

Adresse Santa María de la Redonda, Plaza del Mercado / Calle de Portales 14, 26001 Logroño, www.laredonda.org | **Anfahrt** an den Rand der Altstadt von Logroño, am besten von der Stadtumgehung LO-20 her | **Öffnungszeiten** Mo–Sa 8.30–13 und 18–20.45 Uhr, So 8.30–14 und 18–20.45 Uhr; kein touristischer Besuch während der Messen | **Tipp** Hinter dem Altarraum ist ein der Schule Michelangelos zugewiesenes Kreuzigungsbild hinter Sicherheitsglas zu sehen (Licht per Münzeinwurf).

LOGROÑO

33 Die Bodegas Ontañón
Eine Kathedrale des roten Goldes

Die weltbekannte Anbauregion La Rioja erkunden, ohne dem Wein auf den Grund zu gehen? Ein Ding der Unmöglichkeit. Vielerorts öffnen Kellereien (Bodegas) ihre Pforten und gewähren Besuchern Einlass in die Kathedralen des roten Goldes. In Logroño fällt unsere Wahl am östlichen Stadtrand auf die Bodegas Ontañón, wo Führer Jesús Arechavaleta vor dem Rundgang mit den Worten einsteigt: »Drei Gläschen Wein am Tag müssen einfach sein. Eins für die Gesundheit, eins fürs Vergnügen und eins für die gute Ruhe!« Dann öffnet er die Tore ins Allerheiligste, dem der Künstler Miguel Ángel Sainz mit Skulpturen und Buntglasfenstern das gewisse Etwas gegeben hat.

In der Rioja wachsen die Trauben auf Schwemmlandböden sowie kalk- und eisenhaltiger Tonerde. Weiterer Erfolgsgarant ist das Klima mit atlantischen Einflüssen, milden Temperaturen und gemäßigten Niederschlagsmengen. Maßgeblich für das Terroir ist der Oberlauf des Río Ebro; der Korridor der Weinberge im Einzugsgebiet des Flusses breitet sich bis zu 40 Kilometer aus. An der Spitze der Produktion stehen Rotweine mit starker Persönlichkeit und ausgeprägtem Alterungspotenzial; die Rebsorten heißen Tempranillo, Graciano, Mazuelo und Garnacha. Abhängig vom Ausbau in Eichenfässern, unterscheidet man Crianza, Reserva und Gran Reserva. Crianzas müssen sich mindestens sechs Monate im Eichenfass und zwölf Monate lang in der Flasche entwickeln; beim Nonplusultra, dem Gran Reserva, liegt die Minimalreife bei zwei Jahren in Eiche und drei Jahren in der Flasche.

In den Bodegas Ontañón bringen, wie andernorts auch, die Holz- und Fruchtaromen und der Streifzug durch die Eichenfasslager auf den Geschmack. Klar, dass am Ende die Kostprobe (Cata) nicht fehlen darf. Dabei holt Jesús noch einmal all sein Wissen hervor, präzisiert Nuancen und Eigenschaften und prostet auf das »gute Leben« zu.

Adresse Bodegas Ontañón, Avenida de Aragón 3, 26006 Logroño, Tel. 0034/941/234200, www.ontanon.es | Anfahrt an den östlichen Stadtrand, wo in der Nähe die Stadtumgehung LO-20 verläuft | Öffnungszeiten Führungen mit Kostprobe nach Voranmeldung (Kontakt auf der Homepage), gewöhnlich Mo – Sa um 12 Uhr | Tipp Wer sich ins Thema Wein vertiefen will und einen fahrbaren Untersatz hat, steuert das knapp 20 Kilometer nordwestlich von Logroño gelegene Laguardia an; dort breiten sich besonders schöne Weingärten aus.

NAVARRETE

34_ Unter Engeln und Blüten
Goldene Sturzflut

»Ich wette, dass ihr das in einem solchen Dorf nicht erwartet«, sagt der spanische Journalist und Buchautor Francisco Contreras Gil, der gelegentlich Pilgergruppen begleitet und zum Zeichen der Verbundenheit die Tätowierung einer Jakobsmuschel auf dem rechten Unterschenkel trägt. Er weiß genau, dass er die Wette immer gewinnt, wenn er in Navarrete das Portal der Kirche der Mariä Himmelfahrt (Iglesia de Santa María de la Asunción) durchschreitet. Die eintürmige Kirche ist das wichtigste Bauwerk des 3.000-Seelen-Ortes.

Faszinierend dort: das größte Barockretabel in der Region La Rioja. Es steigt bis zum Gewölbe auf und gleicht einer Sturzflut aus Gold. Bei den Dekors wurde an nichts gespart. Säulen, Weinblätter, Trauben, stilisierte Blüten, eine Friedenstaube, Reliefszenen. Eine Riesenschar aus Engeln begleitet Maria ganz oben in den Himmel; einige Engel zupfen an ihren Instrumenten. Reich bestückt mit Heiligen sind die Bildnisnischen, bei denen vor allem die Gewandfarbe Rot auffällt. Dezenter in Graublau gehalten ist der Apostel Jakobus mit einem Stab in der Linken, während ihn ein Buntglasfenster einmal mehr in Aktion als Maurentöter (siehe Kapitel 29) zeigt.

Ungewöhnlich ist das, was von einer Aufhängung an der Decke in die Kirchenhalle hineinschwebt: ein silberner Weihrauchwerfer. Dieser hier in Navarrete ist wesentlich kleiner und leichter als der berühmte Botafumeiro, das Vorbild aus der Kathedrale von Santiago de Compostela. Der erst 2018 seiner Bestimmung übergebene Weihrauchwerfer bringt etwa 20 Kilogramm auf die Waage und ist nicht nur Deko-, sondern auch Gebrauchsgegenstand. In Gang gesetzt wird er von einem kleinen Team »etwa zehnmal im Jahr«, so die Auskunft aus der Pfarrei, angeführt von den Festtagen zu Ehren des Jakobus (25. Juli) und des Rochus (16. August). Dann sind auch viele Jakobspilger zugegen.

Adresse Iglesia de Santa María de la Asunción, Calle Mayor Baja 1, 26370 Navarrete | **Anfahrt** Navarrete liegt an der Landstraße N-120; Abzweig ab der Autobahn A-12. | **Öffnungszeiten** im Regelfall Mo–Sa 9–13 und 16.30–18.30 Uhr, So 9–13 Uhr | **Tipp** Zwischen Logroño und Navarrete führt die Pilgerroute am See von Grajera entlang, den Motorisierte über einen Abzweig von der A-12 erreichen; ein See am Jakobsweg ist ein Anblick mit Seltenheitswert.

35 Das Friedhofsportal
Die Geschichte einer Neuverwendung

Zu übersehen ist das Tor links am Ortsausgang von Navarrete nicht. Man könnte es für ein landläufiges, obgleich fein dekoriertes Friedhofsportal halten, das dort immer schon gestanden hat. Falsch. Es stammt von anderer Stelle. Und es handelte sich ursprünglich auch nicht um ein Friedhofsportal.

Die Klärung der Herkunft ist einfach. Das Portal gehörte vormals zum romanischen Pilgerhospital San Juan de Acre, das – von Logroño her kommend – kurz vor Navarrete am Jakobsweg liegt. Im Jahre 1185 dank der Stiftung einer gewissen Doña María Ramírez gegründet und auf die Betreuung der Pilger durch den Orden der Johanniter fixiert, verfiel die Anlage im Laufe der Zeiten immer mehr. Die Substanz schmolz zu Ruinen, die Archäologen in den 1990er Jahren in kleinen Teilen wieder freilegten – ein allenfalls mittelmäßiger Anblick, wie hinzugefügt sei.

Etwa ein Jahrhundert zuvor, 1887, als das Pilgerwesen mehr schlecht als recht durch die Zeiten dümpelte, wurde die Verlegung der erhaltenen Gebäudeteile beschlossen. Dazu zog man den riojanischen Architekten Luis Barrón zurate und schaffte nicht nur das Portal der Kirche von seinem Ursprungsplatz zum Gottesacker Navarretes. Hinzu kamen zwei Ensembles aus Fensteröffnungen, die in die nüchterne, funktionale Friedhofsmauer integriert wurden – eine aparte Konstellation.

Die Fensteröffnungen waren mit romanischen Säulen und Kapitellen derart kunstvoll dekoriert, dass sie sich auch in einem Museum gut gemacht hätten. Hier sind sie Wind und Wetter ausgesetzt, doch Schäden sieht man ihnen nicht an. Das gilt gleichermaßen für das kreuzgekrönte Portal, obgleich restauratorische Hand ihre Spuren hinterlassen hat. In der Mitte ist ein schmiedeeisernes Gitter angebracht. Auffällig bei den Archivolten sind die sägezahnartigen Formen und an den Seiten die Kapitelle, die Blüten- und Pflanzenmotive tragen.

Adresse Carretera de Burgos, 26370 Navarrete | **Anfahrt** Navarrete liegt an der Landstraße N-120; Abzweig ab der Autobahn A-12. | **Tipp** Wer mobil ist, erreicht ab Navarrete nord- und nordwestlich schöne Weinbaugebiete; spektakulär im Dorf Elciego ist das von Stararchitekt Frank O. Gehry gestaltete Hotel der Weinkellerei Marqués de Riscal.

36 Maria im Fels
Das Wunder in der Grotte

»Legenden erlauben keine Fragen. Legenden sind einfach wahr.« So hat es einmal Cees Nooteboom ausgedrückt, ein großer Literat aus den Niederlanden. Natürlich seien dennoch Fragen erlaubt, im Falle von Nájera diese: Welcher Keim an Wahrheit mag in der Erzählung um das Grottenwunder von Nájera stecken? Was mag sich wie und wann wirklich abgespielt haben?

Die Legende ist als Schlüssel zum Verständnis beim Besuch des Klosters Santa María la Real unerlässlich. Sie berichtet, dass einst Navarras König García Sánchez III. (um 1012–1054) mit seinem Reitertross in der Gegend auf der Jagd war. Plötzlich tauchte ein Rebhuhn auf, auf das des Königs Falke losgelassen wurde. In Todesangst narrte das tapfere Rebhuhn seinen Verfolger ein ums andere Mal mit geschickten Manövern. Dann verschwanden die Vögel in einem Wald, der an ein Buntsandsteinmassiv stieß. Der Monarch ging hinterher und entdeckte eine kleine Grotte, aus der ein Lichtschein drang. Drinnen stand ein Altar mit einem Bildnis Mariens, und zu ihren Füßen saßen das Rebhuhn und der Falke in friedlicher Eintracht. Voller Ehrfurcht warf García sich nieder und sagte: »Das müssen übernatürliche Kräfte sein. Ich gelobe, an dieser Stelle ein Kloster zu begründen.«

Gesagt, getan. Das Marienkloster von Nájera liegt bis heute am Jakobsweg, obgleich sich aus der Ursprungszeit nichts erhalten hat. Auch Mönche sind nicht mehr zugegen. Prächtig ist der platereske »Kreuzgang der Ritter« (Claustro de la Caballeros), in dem leider napoleonische Truppen wüteten. Im hinteren Bereich der Klosterkirche liegt eine Gruft für diverse Herrscher und Mitglieder des Königshauses Navarra. In der Mitte der Sarkophagreihe führt ein Gang durch den Fels – zur Buntsandsteingrotte mit einem Bildnis Mariens. So ähnlich muss König García den Anblick empfunden haben, als er es entdeckte. Hier bei Maria spürt man die Stille und eine ganz besondere Stimmung.

Adresse Plaza de Santa María / Calle Rey Don García, 26300 Nájera. www.santamarialareal.net | **Anfahrt** Nájera liegt an den Landstraßen N-120a und LR-113; Abzweig ab der Autobahn A-12. | **Öffnungszeiten** generell Di–So 10–13.30 und 16–17.30 (aber März–Okt. Di–Sa bis 19 Uhr, So bis 18) Uhr, außerdem Juli–Sept. auch Mo 10–13.30 und 16–19 Uhr; Jan.–März So nachmittags geschlossen | **Tipp** Donnerstags vormittags steigt ein Allerleimarkt (Mercadillo) nahe der Flussufer des Río Najerilla.

SANTO DOMINGO DE LA CALZADA

37__ Das Restaurant Piedra
Ein deftiger Stopp

Ein alter Pilgerspruch lautet: »Mit Wein und Brot macht man den Weg.« Der Ursprung der Redensart, die sich auf Spanisch übrigens reimt (»Con pan y vino se hace el camino«), wurzelt im Mittelalter. Doch Wein und Brot allein wären zu wenig, um durchzuhalten und die Kaloriendepots aufzustocken. Der Jakobsweg ist gepflastert mit kulinarischen Versuchungen und Spezialitäten der Regionen. Für die Rioja haben wir uns einen deftigen Stopp in Santo Domingo de la Calzada herausgepickt, dem Ort des Hühnerwunders (siehe Kapitel 39): direkt in der langen Pilgergasse Calle Mayor im Piedra, einer Mischung aus Kneipe und Restaurant.

Einfach, preisgünstig und rustikal – damit fährt man häufig am besten, und das ist im Piedra nicht anders. Chefin Carmen Urdina schwört auf herzhafte Hausmannskost. Besonders typisch sind ihre Kartoffeln auf Rioja-Art (Patatas a la riojana), die sie in einem Blechtopf zusammen mit Zwiebeln extra weich kocht, um sie später gut im Sud kneten zu können. Wichtigste Bestandteile außer den Erdäpfeln sind die hineingeschnibbelten Stücke Chorizo. Diese auch in anderen Gegenden verbreitete Paprika-Knoblauch-Wurst sorgt am Gaumen stets für ein Aroma, das bis zum Ende des Tages durchhält. Die leicht pikante Würze in der Brühe gibt das Paprikapulver (Pimentón).

Kartoffeln auf Rioja-Art stehen bei Señora Urdina entweder allein als Hauptgericht auf der Karte oder als Vorspeise beim Hausmenü. Weitere Spezialitäten gehen ins Animalische und dürften nicht jedermanns Geschmacksnerv treffen. Schnecken (Caracoles) aus der eigenen Zucht. Lammfüßchen (Patitas de cordero). Schweinepfötchen (Manitas de cerdo). Egal, für was man sich entscheidet: Dazu passt, na klar, ein kräftiger roter Riojawein.

Nach der Stärkung kann man den Schalter umlegen auf Sehenswürdigkeiten – auch da ist der Tisch reich gedeckt in Santo Domingo de la Calzada.

Adresse Calle Mayor 54, 26250 Santo Domingo de la Calzada, Tel. 0034/941/341569 | **Anfahrt** Santo Domingo de la Calzada liegt an den Landstraßen N-120 und LR-111; Abzweig ab der Autobahn A-12. | **Öffnungszeiten** in der Pilgersaison März–April–Okt. gewöhnlich täglich 6.30–24 Uhr, sonst ab 8.30 Uhr; manchmal wöchentlich ein Ruhetag; Hausmenü und warme Spezialitäten ab mittags | **Tipp** Nicht weit entfernt liegt die pittoreske Arkadenfront des Rathauses an der Plaza España.

SANTO DOMINGO DE LA CALZADA

38 Das Parador-Hotel
Betreuung durch einen Heiligen

Diesen Namensbandwurm muss man erst einmal schlucken: Santo Domingo de la Calzada. So heißt das hiesige Städtchen im Gedenken an einen frommen Einsiedler, der als Domingo García im Jakobswegdorf Viloria de Rioja geboren wurde und nachweislich von 1019 bis 1109 lebte. Die Übertragung des Namens ins Deutsche ist noch eine Nuance länger: heiliger Dominikus von der gepflasterten Straße.

Dominikus – der nichts zu tun hat mit dem gleichnamigen Ordensgründer der Dominikaner – lag die Versorgung der Jakobspilger am Herzen. Er besserte Pfade durch unwegsames Gelände aus und gab ihnen neue Beläge, daher sein Name. Gemeinsam mit Helfern baute er eine Flussbrücke über den Río Oja. Gegen Ende des 11. Jahrhunderts schenkte ihm Kastiliens König Alfons VI. ein Grundstück zum Bau einer Kirche, aus der die heutige Kathedrale hervorgegangen ist. Gleich gegenüber vom Gotteshaus lag das von Dominikus betriebene Spital, in dem er die Pilger betreute und versorgte. Das ist inzwischen anders, heute arbeitet hier Hotelpersonal.

Das historische Bauwerk gehört seit Langem zu Spaniens Staatshotelkette der Paradores und ist entsprechend umgestaltet worden. Keine Holzpritschen mehr, sondern Federbetten. Statt Pilger mit Krätze beherbergt man Reisende mit Knete. Aus der Vergangenheit haben sich im Innern die (restaurierten) Bogenstrukturen des Pilgerspitals erhalten, die im Zusammenspiel mit Leuchtern, Lampen, Teppichen, Sitzecken und dem glitzernden Boden ein besonderes Flair geben. In welchen Räumlichkeiten genau sich der Heilige der Pilger annahm, ist nicht mehr nachvollziehbar. Der Geist des Dominikus von der gepflasterten Straße ist hinausgeweht – und auch wieder nicht. Jedes Schild an den Zimmern trägt ein Hühnersymbol, das an das mit ihm verbundene Hühnermirakel erinnert, eine der eingängigsten Geschichten vom Jakobsweg. Dazu möge man zum folgenden Kapitel weiterblättern.

Adresse Plaza del Santo 3, 26250 Santo Domingo de la Calzada, Tel. 0034/941/340300, www.parador.es | **Anfahrt** Santo Domingo de la Calzada liegt an den Landstraßen N-120 und LR-111; Abzweig ab der Autobahn A-12. Die Altstadt ist für den auswärtigen Verkehr gesperrt; Übernachtungsgäste können den Hotelparkplatz in Anspruch nehmen. | **Tipp** Das hauseigene Restaurant tischt Spezialitäten aus der Rioja auf und ist eine Klasse für sich.

SANTO DOMINGO DE LA CALZADA

39 Die Kathedrale mit Stall
Wo gebratenes Federvieh flatterte

Diese Story ist unglaublich, der Anblick in der Kathedrale von Santo Domingo de la Calzada noch unglaublicher: ein Hühnerstall mit lebendigem Federvieh. Zur Erklärung müssen wir weit ausholen und schwenken ins Mittelalter.

Damals war eine deutsche Familie auf Pilgerschaft unterwegs: Mutter, Vater und ihr halbwüchsiger Sohn Hugonell. In Santo Domingo de la Calzada nahmen sie Unterkunft in einem Gasthof. Die Magd machte Hugonell ein eindeutiges Angebot, doch er schlug es aus. Aus Rache versteckte sie einen silbernen Kelch im Gepäck des Burschen. Hugonell wurde vom Landrichter des Diebstahls angeklagt und vor einer Meute Schaulustiger erhängt. Als es still geworden war, kamen die Eltern heran, um am Henkerspfahl Abschied zu nehmen. Da vernahmen sie eine Stimme: »Mutter, Vater, schaut auf, ich lebe!« Hugonell sprach zu ihnen vom Galgen herab. Wie von Sinnen stürzten die Eltern zum Haus des Landrichters, um ihn herbeizurufen. Dieser hatte an einer opulenten Tafel Platz genommen und fühlte sich gestört. Vor ihm dampften ein gebratener Hahn und eine gebratene Henne. »Wenn das wahr wäre, würde ich ihn sofort begnadigen«, stieß er aus und setzte überheblich hinzu: »aber euer nichtsnutziger Spross ist leider so lebendig wie das Federvieh vor mir.« Da wuchsen den Tieren Flügel. Der Hahn krähte. Das Huhn gackerte. Sie flogen auf und davon. Hugonell wurde gerettet. Das muss den heiligen Dominikus jede Menge Kraft gekostet haben, denn er stützte – unsichtbar für alle anderen – den Burschen mit seinen Schultern.

In Erinnerung an das Mirakel leben ein weißer Hahn und eine weiße Henne in der Kathedrale. Dem Vernehmen nach tauscht man sie alle paar Wochen aus. Ihr Lebensraum ist ein verglaster Stall unter einer gotischen Halbbogenzier an der Nordseite. Wie zum »Beweis« hängt darüber ein Stück Holz vom Henkerspfahl – falls man die Geschichte nicht glaubt …

Adresse Calle del Cristo, 26250 Santo Domingo de la Calzada, http://catedralsantodomingo.org | **Anfahrt** Santo Domingo de la Calzada liegt an den Landstraßen N-120 und LR-111; Abzweig ab der Autobahn A-12. | **Öffnungszeiten** gewöhnlich Mo–Fr und So 9–20 Uhr, Sa 9–19 Uhr | **Tipp** Das sogenannte »Touristen-Armband« (Pulsera turística) ist ein preisreduziertes Kombiticket, mit dem sich über die Kathedrale hinaus der Kathedralturm, das einstige Franziskanerkloster San Francisco und eine Kapelle, die Ermita de la Plaza, besuchen lassen.

SANTO DOMINGO DE LA CALZADA

40 Der Domschatz
Zweimal oben ohne

Die Kathedrale von Santo Domingo de la Calzada ist eine kunsthistorische Schatztruhe, mit dem Renaissanceretabel des Damián Forment (um 1480–1540), dem Relief des musizierenden Königs David im Altarraum und dem Mausoleum für den heiligen Dominikus von der gepflasterten Straße. Damit nicht genug. Der Kreuzgang ist samt anstoßender Räumlichkeiten als Sakralmuseum aufbereitet, in dem zwei starke Stücke auffallen: Maria oben ohne und der heilige Vitores ganz oben ohne, nämlich ohne Kopf.

Topless wird an Spaniens Küsten geduldet, aber diese Dame sitzt nicht am Strand, sondern als Skulptur in einer Vitrine – und ist niemand Geringeres als die heilige Jungfrau und Gottesmutter Maria. Ihre linke Brust ist schamlos entblößt. Rechter Zeige- und Mittelfinger halten die Brustwarze Richtung Jesuskind. Doch das scheint gerade abgelenkt zu sein und wendet sich ab. Eine erotische Komponente liegt der Darstellung fern. »Virgen de la leche« – übersetzt: »Jungfrau von der Milch« – heißt das polychromierte Bildwerk, das um 1520 in einer Werkstatt in Burgos entstand. Mit ihrem menschlichen Ausdruck steht Maria als Sinnbild für Mütterlichkeit, Barmherzigkeit, Güte. Allzu verbreitet ist das Bildmotiv der stillenden Gottesmutter nicht, obgleich es international schon Künstler wie Hans Memling, Peter Paul Rubens und Jean Fouquet umgesetzt haben.

Nur aus regionaler Sicht verständlich ist das Gemälde, das den heiligen Vitores de Cerezo de Río Tirón (um 800–850) zeigt. Vitores war ein unermüdlicher Prediger, der unter den Mauren sein Martyrium erlitt. Doch nach der Enthauptung predigte er einfach weiter und verkündigte die christliche Doktrin.

Das steckt hinter dem 1525 entstandenen Gemälde des Künstlers Alonso Gallego. Der Todeshieb hat seine Blutspur hinterlassen. Doch der Körper steht aufrecht. Der linke Arm stützt den abgetrennten Kopf.

Adresse Catedral de Santo Domingo de la Calzada, Calle del Cristo, 26250 Santo Domingo de la Calzada, http://catedralsantodomingo.org | **Anfahrt** Santo Domingo de la Calzada liegt an den Landstraßen N-120 und LR-111; Abzweig ab der Autobahn A-12. | **Öffnungszeiten** gewöhnlich Mo–Fr und So 9–20 Uhr, Sa 9–19 Uhr | **Tipp** Der alte Kapitelsaal zählt ebenfalls zum Domschatzmuseum, besonders dort: die farbige Deckentäfelung im Mudéjarstil aus dem 15. Jahrhundert. Der Mudéjarstil wurde von Mauren geprägt, die unter christlicher Herrschaft arbeiteten.

SANTO DOMINGO DE LA CALZADA

41 _ Der Glockenturm
Wem die Stunde schlägt

Dieser Glockenturm ist stolze 70 Meter hoch – ein Gigant und aus der Ferne ein Orientierungspunkt für Pilger. Der Barockbau steht separat vom Baukörper der Kathedrale von Santo Domingo de la Calzada und gleicht einem riesigen Steckspiel aus drei übereinanderliegenden Körpern, passt aber nicht zur Kirche. Kein Wunder. Dies ist der dritte Turm in der Baufolge; einen Vorgänger traf der Blitz, einen anderen der Abriss wegen Baufälligkeit.

Über 130 Stufen sind es bis auf die Höhe der Glocken, unterbrochen von einem längeren Halt. Ein in den Turm integriertes Museum mit einer Sammlung von Uhren und Uhrwerken zieht sich über zwei Ebenen und demonstriert, was die Stunde geschlagen hat: von mechanisch bis elektronisch. Ein Hauch von Schmieröl hängt in der Luft. Dann geht es weiter treppauf, bis man in zugiger Luft unter den Glocken heraus- und an die Balustraden herantritt. Der Lohn für die Aufstiegsmühen sind Ausblicke über das Ziegeldächermeer von Santo Domingo de la Calzada bis hin zum Gebirgszug der Sierra de la Demanda. Jede Glocke hat einen Namen. »Prima« heißt eine, »Agonía« eine andere. Ein Schwergewicht ist »Aguijón«, die laut Beschriftung 1.850 Kilogramm wiegt und 1912 von Spaniens König Alfons XIII. gestiftet wurde. Ein Schild mahnt »Gefahr« an, sich nicht unter die Glocken zu stellen oder diese zu berühren. Und den Rat von Juan Carlos Azofra, der unten an der Kasse sitzt, sollten Besucher unbedingt beherzigen: »Nicht zur vollen Stunde hochgehen, da könnten die Glockenschläge erschrecken.« Das Geläut geht durch Mark und Bein.

Der Beruf der Glöckner, die an Seilen ziehen, ist längst ausgestorben, die Vorgänge automatisiert. Zurück am Boden findet sich im Innenhof eine Museumssektion um Glocken und Schmelzvorgänge. Eine Glocke trägt eine Inschrift von 1593 und ein Einschussloch, das laut Señor Azofra aus dem Spanischen Bürgerkrieg stammt. Zum Glück traf diese Kugel nur eine Glocke, keinen Menschen.

Adresse Plaza del Santo, 26250 Santo Domingo de la Calzada | **Anfahrt** Santo Domingo de la Calzada liegt an den Landstraßen N-120 und LR-111; Abzweig ab der Autobahn A-12. | **Öffnungszeiten** im Regelfall täglich 10–14 und 16–20 Uhr | **Tipp** Santo Domingo de la Calzada ist für Motorisierte Ausgangspunkt für einen Abstecher südöstlich nach San Millán de la Cogolla; die Klöster Yuso (im Tal) und Suso (am Berghang) zählen zum Welterbe.

42 Die einsame Strecke
Wälder und ein Wunder

Es wird rauer. Die Landschaft. Das Klima. Hinter der Weinregion La Rioja hat Kastilien-León begonnen, wo der Gebirgszug Montes de Oca bis auf eine Höhe von 1.150 Metern ansteigt. Die Pilgerstrapazen halten sich in Grenzen, doch im Mittelalter wehte ein anderer Wind. Es fehlte an Markierungen, Orientierung, Schutz. Nebel und Irrwege konnten bedrohlich sein in den Oca-Bergen. Zudem kam es gelegentlich zu Übergriffen von Wegelagerern. Deshalb sammelten sich die Pilger gerne in Villafranca Montes del Oca, dem letzten Dorf vor dem Anstieg, um geschützter in der Gruppe bis zum Kloster San Juan de Ortega voranzuziehen.

Die Bedrohungen sind verschwunden, die einsamen Passagen geblieben. Die Höhenluft ist frisch, die Gegend waldreich. Vögel zwitschern. Heidekraut wuchert. Mal zieht sich der Pilgerweg gerade, mal in langen, breiten Schleifen durch den Forst. So geht es kilometerlang, fernab von dem, was wir Zivilisation nennen.

Nicht näher lokalisierbar ist der Ort eines Wunders, wo der heilige Jakobus einen kleinen Pilger zurück ins Leben geholt haben soll. Dieser war mit seinen Eltern und einigen Verwandten auf Pilgerschaft nach Santiago de Compostela unterwegs. Der Tag, an dem das Unglück geschah, begann mit Sonne und guter Stimmung. Doch plötzlich, in den Montes de Oca, brach der Knabe zusammen und verlor das Bewusstsein. Er verstarb am selben Tag. Die Mutter konnte das Verhängnis nicht verkraften, schaute himmelwärts und rief: »Jakobus, du, den der Herr mit so viel wundersamen Gaben bedacht hat! Zeige, was in deiner Macht steht. Gib uns unseren Sohn zurück. Ich weiß, du kannst es, wenn du es willst!« Kurz darauf schlug der Junge die Augen auf, als wäre er aus einem tiefen Schlaf erwacht. Dann berichtete er von einer sehr, sehr langen Reise. Und davon, wie Jakobus die entwichene Seele im Schoße aufbewahrt und sie dem Körper auf Gottes Geheiß zurückgegeben habe.

Adresse Die Montes de Oca beginnen hinter Villafranca Montes de Oca und ziehen sich bis San Juan de Ortega. | **Anfahrt** Abseits der Pilgerroute führt die Landstraße N-120 durch die Montes de Oca in Richtung Burgos. | **Tipp** An der N-120 gibt es einen Parkplatz bei den Ruinen der Einsiedelei Valdefuentes. Folgt man dem Wanderpfad an der Einsiedelei längs, kommt man später auf den Jakobsweg; diesem kann man bis San Juan de Ortega folgen, muss aber die sechs Kilometer bis zum Parkplatz auch wieder zurück.

43 Die alte Klosteranlage
Sammelbecken für Erschöpfte damals und heute

Endlich geschafft. Eine Oase. Ein sicheres Lager. So dürften Pilger im Mittelalter nach dem Zug durch die gefährlichen Oca-Berge die Ankunft im Kloster San Juan de Ortega empfunden haben. Und genau darum ging es dessen gleichnamigem Begründer San Juan de Ortega (1080–1163), übersetzbar in etwa mit »heiliger Johannes von der Brennnessel«. In Sachen Pilgerbetreuung und Wegefreischnitt – unter anderem von Brennnesseln – eiferte er seinem Vorbild Santo Domingo de la Calzada nach. Im einsamen Kloster begannen die Brüder nach der Regel des heiligen Augustinus zu leben. San Juan de Ortega genoss die Gunst des leonesischen Monarchen Alfons VII., der ihm reiche Schenkungen zukommen ließ. Nach seinem Tod fand der Heilige hier seine letzte Ruhe.

Nach einer Zeit des Abstiegs bekam das Kloster im Spätmittelalter neuen Aufschwung. Quellen verbürgen einen Besuch von Kastiliens Königin Isabella I. am Grab des San Juan de Ortega. Laut Überlieferung trug sich dabei das Bienenwunder zu, das den Ruf des Johannes als Förderer von Fruchtbarkeit zementierte. Als man zu Ehren der bis dahin kinderlos gebliebenen Herrscherin den Deckel des Heiligensarkophags öffnete, flogen weiße Bienen hervor. Es waren die Seelen der Ungeborenen, die Johannes für kommende Mütter bereithielt. Bald darauf sollte die Monarchin ihre erste Leibesfrucht spüren.

Der Weiler San Juan de Ortega rund um die historische Anlage, der nur aus wenigen Häuser besteht, ist ein Sammelbecken für ermattete Pilger geblieben. Hier trifft man sich in mehreren Terrassencafés, hier tauscht man sich aus, hier nimmt man Quartier in der Herberge. Fixpunkte beim Besuch sind zwei Kirchen, die an den Zentralplatz stoßen. In der Kirche San Nicolás steht der innere Steinsarkophag des Heiligen. Die Hauptkirche bewahrt den äußeren, reich dekorierten Ursprungssarkophag und aus späterer Zeit das Mausoleum mit dem gotischen Baldachin.

Adresse in der Nähe von 09199 Barrios de Colina | **Anfahrt** Motorisierte erreichen die Klosteranlage in einer großen Schleife ab der Landstraße N-120; die Zufahrt am Ende ist eine Sackgasse. | **Öffnungszeiten** Hauptkirche über Tag gewöhnlich durchgehend offen, die Kirche San Nicolás öffnet 13–20 Uhr | **Tipp** Ein Meisterwerk in der Hauptkirche ist auch das im 16. Jahrhundert gefertigte Retabel, das Szenen aus dem Leben des heiligen Hieronymus zeigt (Retablo de la Vida de San Jerónimo).

44 Die Apostel im Gespräch
Eine Dame mit gotischen Spitzentürmchen

Ihre Maße lauten 108 – 61 – 84. Will heißen: 108 Meter lang, 61 Meter breit, 84 Meter hoch. Das macht die Kathedrale von Burgos zu einer der größten Glaubensburgen in Spanien, zusammen mit Sevilla, Toledo, Palma de Mallorca. Geweiht ist sie der Gottesmutter Maria, geadelt als Weltkulturerbe. Der Gesamteindruck ist so pompös wie fein. Der Bau bestimmt als Dame mit Spitzentürmchen das Stadtbild, filigran und majestätisch zugleich.
Die Kathedrale ist im Wesentlichen ein Prachtstück der Gotik. An selber Stelle hatte es einen romanischen Vorläufer gegeben, doch die Obrigkeit befand: Das Ding war auf Dauer zu klein und galt, ersetzt zu werden. Beseelt von Gigantomanie und dem Hang, noch größeren Eindruck bei den gottergebenen Massen zu schinden, legten Bischof Mauricio und Kastiliens König Ferdinand III. der Heilige 1221 den Grundstein. Fortan sollte das Werk über Jahrhunderte hinweg Baumeister, Bildhauer, Maurer, Steinmetze ernähren. Ihrer langen Bauzeit zum Trotz wirkt die Kathedrale erstaunlich homogen. Bis heute schreibt sich die Versorgungsgeschichte für Heerscharen an Handwerkern fort.

Das Hauptportal unter den Doppeltürmen ist nicht der Haupteingang für Besucher, sondern zur Südseite über der Freitreppe hin das Portal Sarmental – zugleich das schönste, aber am stärksten restaurierte. In der Mitte empfängt Gründerbischof Mauricio die Ankömmlinge. Wunderbar darüber sind die detailverliebten Meisterstücke en miniature, die auf anonyme Meister des Mittelalters zurückgehen: die Apostel untereinander in Gespräche vertieft, die Evangelisten an ihren Schreibpulten rund um den Pantokrator. Die einen unterhalten sich angeregt, die anderen arbeiten. Doch das ist nur der Anfang.

Im Innern der Kathedrale, so heißt es, könnten Kunsthistoriker mehrere Jahre verbringen und immer Neues entdecken. Treten wir ein und blättern vor ins nächste Kapitel.

Adresse Catedral, Plaza de Santa María / Plaza del Rey Fernando, 09003 Burgos, http://catedraldeburgos.es | **ÖPNV** Busbahnhof (Estación de Autobuses) in der Calle de Miranda 4 | **Anfahrt** Parkplätze gibt es außerhalb der Altstadt nahe dem Fluss Arlanzón und im Parkhaus Museo Evolución Humana. | **Tipp** Ein lohnendes Fotomotiv auf dem südlichen Kathedralvorplatz gibt der Bronzepilger auf einer Bank ab.

45 Der Fliegenschnapper
Sagenhafte Schätze

Einfach überwältigend! Der Eindruck von außen setzt sich im Innern der Kathedrale fort und verlangt nach Superlativen. Dass Kunsthistoriker hier Jahre verbringen können, verwundert nicht. Knapp 20 Kapellen, der Domschatz mit Gold- und Silberarbeiten, der doppelstöckige Kreuzgang, die Sakristei, Gemälde, Skulpturen, Grabmäler, Gitter.

Nichts war zu teuer, nichts zu aufwendig bei der Ausgestaltung – aber nicht alles mit Haltbarkeitsgarantie. Nach dem Einsturz der Vierungskuppel schuf Architekt Juan de Vallejo im 16. Jahrhundert in platereskem Stil eine umso schönere in Sternenform. Dies ist ein erster Blickfang, gefolgt von vielen weiteren: die vergoldete Treppe des Diego de Siloé, der zentrale Hochaltar der Gebrüder Rodrigo und Martín de la Haya, das Grabmal des Nationalhelden El Cid (siehe Kapitel 46) im Boden unter der Vierungskuppel. Kein Ruhmesblatt hingegen war der ins Mittelschiff platzierte Chor, der komplett die Raumwirkung verbaut, wie so oft in Spaniens Kathedralen. Der künstlerische Wert des 103-sitzigen Gestühls aus Nussbaumholz hingegen ist unbestreitbar, im Wesentlichen ein Werk des Renaissancemeisters Felipe Bigarny. Eine Kirche in der Kirche ist die von Simon von Köln konzipierte Grabkapelle der Kronfeldherrn.

Nicht alles muss pompös sein in der Kathedrale. Das Wahrzeichen ist klein und hinter der Doppelturmfassade in einer solchen Höhe angebracht, dass man sich beim Blick hinauf fast Nackenstarre holt: der »Fliegenschnapper«, spanisch: Papamoscas, eine Büste mit schurkischem, aber auch heiterem Ausdruck über einer Uhr. Ob ein echter Mensch die Vorlage war, ist nicht mehr zu klären. Zu den Glockenschlägen der vollen Stunde öffnet und schließt der Papamoscas den Mund. Allerdings behaupten die Einheimischen, die eigentlichen Fliegenschnapper stünden unten: nämlich die Betrachter des Schauspiels mit ihren weit geöffneten Kinnladen.

Adresse Catedral, Plaza de Santa María / Plaza del Rey Fernando, 09003 Burgos | **Anfahrt** Parkplätze außerhalb der Altstadt nahe dem Fluss Arlanzón und im Parkhaus Museo Evolución Humana. | **Öffnungszeiten** Mitte März–Ende Okt. täglich 10–19 Uhr, sonst variierend, mitunter 10–13 und 16–18/19 Uhr; monatsaktueller Kalender auf http://catedraldeburgos.es | **Tipp** Meisterstücke in der Grabkapelle der Kronfeldherren sind das Gemälde einer Maria Magdalena und das Triptychon der Maria mit Kind, das man dem Niederländer Gerard David (um 1460–1523) zuschreibt.

BURGOS

46 El Cid
Spuren von Spaniens Nationalheld

Man kennt ihn aus Filmen und Büchern. Und das um sein Leben und seine Taten kreisende Epos »Cantar de Mio Cid« setzte im Mittelalter einen Meilenstein europäischer Literaturgeschichte. El Cid (um 1043–1099) war Spaniens Nationalheld. Er stammte aus der Nähe von Burgos, hieß eigentlich Rodrigo Díaz de Vivar und tat sich zu Zeiten der Reconquista als Streiter gegen die Mauren hervor. Nach einem Zerwürfnis mit Kastiliens König Alfons VI. und seiner Verbannung wechselte er vorübergehend die Fronten, schwenkte dann jedoch zurück und eroberte Valencia, das er bis zu seinem Tode hielt. Sein Name El Cid leitet sich aus dem Arabischen von »Sayyid« (Herr) ab, während die Christen ihn »El Campeador« nannten, was etwa »heldenhafter Kämpfer« bedeutet.

Der Rundgang durch die Kathedrale bringt auf seine Spur. An exponierter Stelle, unter der Vierungskuppel, ist im Boden das Grabmal von ihm und seiner Gemahlin Jimena eingelassen. Die Grabplatte wirkt relativ schlicht und ist von roten, knöchelhohen Absperrseilen umzogen. Erst seit 1921, dem Jahr des 700-jährigen Bestehens der Kathedrale, ruhen die Reste des Paars im Untergrund.

Im Kreuzgang – mitunter an wechselnder Stelle – setzt sich das Leitmotiv El Cid fort. Dort ist eine der beiden sagenhaften Schatztruhen ausgestellt, die ihm gehörten; auf Spanisch ist sie mit »Cofre de El Cid« beschriftet. Überliefert dazu ist eine Geschichte. El Cid, in Finanznot geraten, hinterlegte einst bei jüdischen Geldverleihern die Truhen als Garantien für ein stattliches Sümmchen. Die Behältnisse waren reich verziert, sorgsam verschlossen und bleischwer. Ihr Inhalt: nichts weiter als Sand und Steine. Später, so nimmt die Legende den Ehrenmann in Schutz, gab der Cid das geliehene Geld zurück. Er hatte halt mit dem »Schatz seines Wortes« gebürgt. Heutzutage dürfte das bei der Aufnahme eines Kredits wohl nur in Ausnahmefällen glücken …

Adresse Catedral, Plaza de Santa María / Plaza del Rey Fernando, 09003 Burgos | **Anfahrt** Parkplätze außerhalb der Altstadt nahe dem Fluss Arlanzón und im Parkhaus Museo Evolución Humana | **Öffnungszeiten** Mitte März–Ende Okt. täglich 10–19 Uhr, sonst variierend, mitunter 10–13 und 16–18/19 Uhr; monatsaktueller Kalender auf http://catedraldeburgos.es | **Tipp** Der Museumsbereich mit dem Domschatz nimmt Raum in der alten Jakobskapelle ein – dort begegnet man dem heiligen Jakobus im Hochaltar als Maurentöter wieder (zum Motiv siehe Kapitel 29).

47 Der Christus von Burgos
Menschenhaar in schummerigem Licht

»No turismo«, steht an der Glastür zur gotischen Kapelle des Allerheiligsten Christus von Burgos (Capilla del Santísimo Cristo de Burgos). »Kein Touristenbesuch« also. Nur Gottesdienst, Gebet, innere Einkehr.

Sobald sich die Türe hinter einem schließt, verebbt das Gemurmel, das durch die Kathedrale mäandert. Licht fällt durch kleine Buntglasfenster mit dem Letzten Abendmahl auf den an eine Säule gefesselten Jesus. Lang gestreckt, wie eine symbolische Totenbahre, läuft der Raum auf seinen Namensgeber zu. Dies hier ist der ergreifendste und stillste Winkel der Kathedrale, der außerhalb des Besucherrundgangs liegt. Der Zugang erfolgt durch das Hauptportal, dann rechts hinein durch die genannte Glastür.

Einer Legende zufolge trieb das Bildnis des Allerheiligsten Christus in lange verflossener Zeit in einer Kiste auf dem Atlantik vor der Nordküste Spaniens. Ein Schiff nahm es auf, ein Kaufmann aus Burgos brachte es den Augustinern seiner Heimatstadt als Geschenk dar. Dort fand es Platz im Augustinerkloster, das Kastiliens Königin Isabella I. einmal besuchte. Dort wollte sie, so sagt man, einen Nagel des Kreuzes entfernen und mitnehmen. Souvenirs, Souvenirs. Keine gute Idee. Im selben Moment fiel ein Arm der Skulptur auf sie herab. Sie erschrak zu Tode und nahm von ihrem diebischen Ansinnen Abstand.

Die Wirren der Säkularisation im 19. Jahrhundert machten eine Verlegung des Bildnisses in die Kathedrale nötig. Über dem Tabernakel ist der Heiland mit einem Rock bedeckt und mit Wundmalen übersät. Er soll echtes Menschenhaar tragen, mit Kalbshaut überzogen sein – und flößt Respekt ein. Das spärliche, schummerige Licht verstärkt die Atmosphäre. Ein Anblick, den man so schnell nicht vergisst. Zudem erzählt der Volksmund, dass dem Christus von Burgos Haare, Bart, Fuß- und Fingernägel wachsen. Und dass er freitags manchmal schwitzt.

Adresse Catedral, Plaza de Santa María, 09003 Burgos | **Anfahrt** Parkplätze außerhalb der Altstadt nahe dem Fluss Arlanzón und im Parkhaus Museo Evolución Humana | **Öffnungszeiten** Mitte März – Ende Okt. täglich 10 – 19 Uhr, sonst variierend, mitunter 10 – 13 und 16 – 18/19 Uhr; monatsaktueller Kalender auf http://catedraldeburgos.es | **Tipp** Oberhalb der Hauptfassade der Kathedrale liegt die Kirche San Nicolás de Bari, deren Schatz ein spätgotisches Steinretabel ist.

48 Das Restaurant Maricastaña

Gastrostopp in der Altstadt

Nach einer solchen Ballung Kunstgenuss hat man sich eine Auszeit verdient, einen Gastrostopp. Unsere Empfehlung in der Altstadt von Burgos, nicht weit von der Kathedrale entfernt und auch für das Tafeln am Abend geeignet: En Tiempos de Maricastaña, eine Melange aus Kneipe und Restaurant. Die urigsten Speisebereiche liegen ganz tief drinnen, weit vom Eingang zum Paseo del Espolón entfernt, und stoßen unter modernen Strahlern an Bruchsteinwände.

Der Name »En Tiempos de Maricastaña« heißt übersetzt »In Zeiten von Maricastaña«. Was die Frage aufwirft, wer Maricastaña war. Eigentlich eine Dame aus dem Spätmittelalter, doch im Spanischen hält sie lediglich als Synonym für »vor alter Zeit« her. Damit sind wir beim Alten und bei kulinarischen Traditionen, die das Team um Küchenchefin Isabel Álvarez Ribes auf eine eigene Art modern auslegt. Klassische Gerichte feiern innovative Interpretationen.

Das beste Beispiel ist die Blutwurst aus Burgos (Morcilla de Burgos), die vielerorts in der Stadt auf den Speisekarten steht. Außer Schweineblut stecken gekochter Reis, Zwiebeln, Schmalz und Gewürze in der Pelle. Die Einheimischen essen die Wurst gerne als Vorspeise, in schmale Scheiben geschnitten, gegrillt oder frittiert. So weit, so gewöhnlich. Im En Tiempos de Maricastaña kommt sie scheibchenweise kross auf den Tisch: auf einem Bett aus Kartoffelpuffern und einem Mix aus lange durchgekochtem Schweineohr und Schweineschnäuzchen. Hört sich tierisch und gewöhnungsbedürftig an – und ist es auch. Das dürfte kein Volltreffer für alle Geschmäcker sein. Aber keine Sorge: Die Auswahl bis hin zum Acht-Gänge-Menü ist breit gestreut, die Karte variiert je nach Jahreszeit. Da darf man gespannt sein, was Señora Álvarez Ribes an allerneuesten Phantasien zelebriert und auf den Teller zaubert. Sie mag die Kontraste: fest und flüssig, kalt und heiß, mild und scharf, süß und salzig.

Adresse Paseo del Espolón 10, 09003 Burgos, Tel. 0034/947/206155, https://tiemposdemaricastaña.com | **Anfahrt** Parkplätze außerhalb der Altstadt nahe dem Fluss Arlanzón und im Parkhaus Museo Evolución Humana | **Öffnungszeiten** So–Do 9–24 Uhr, Fr und Sa 9–1 Uhr | **Tipp** Wer es traditionell mag, kehrt im Restaurant Casa Ojeda ein: Calle Condestable 2, Tel. 0034/947/209052, http://restauranteojeda.com; montags Ruhetag.

49 — Der Paseo del Espolón
Promenade mit grünem Anstrich

Flaniermeile – das klingt altertümlich, trifft beim Paseo del Espolón aber den Kern. Hier spaziert man zwischen Häusern auf der einen und Grün auf der anderen Seite vom Stadttheater bis zum Arco de Santa María (siehe Kapitel 50), einem erhaltenen Stadttor. Die Promenade verläuft, ein Stück erhöht und etwas versetzt, parallel zum Río Arlanzón. Der Fluss ist eingefasst und strömt gemächlich dahin, doch 1874 und 1930 kam es zu Hochwasserkatastrophen.

Der Paseo del Espolón bringt auf seine Art Natur in die Stadt. Überspannt ist er im Sommer von einem Schattendach aus Platanen, die zur kalten Jahreszeit nackt und abweisend aussehen; gepflanzt wurden sie zu Beginn des 20. Jahrhunderts. Zur Flussseite hin geht die Promenade in eine Art Park über. Bänke im Übermaß animieren zur Rast, falls sie nicht gerade mit Vogelkot verunziert sind. Eine Brise fährt durch Stechpalmen, Kastanien, Linden, Rosenbeete, Trauerweiden. Kunstvoll sind manche Baumbeschnitte, ein historischer Pavillon, die Laternen. Denkmäler zeigen diverse Könige, darunter Heinrich III. von Kastilien (1379–1406), der aus Burgos stammte.

Die Häuserzeile folgt dem Verlauf der mittelalterlichen Stadtmauer; davor laden Caféterrassen und Restaurants wie En Tiempos de Maricastaña (siehe Kapitel 48) zur Einkehr ein. Im Café Ibañez gibt es Churros, also Fettkringel, die Spanier liebend gerne in eine dickflüssige Schokoladensauce tunken. In einem Gebäude war das Meereskonsulat untergebracht, das die Ausfuhr der lokalen Produkte an die Atlantikhäfen und weiter in die Niederlande kontrollierte; Burgos war von alters her in den lukrativen Wollhandel verstrickt. Ein Segen ist die Befreiung des Paseo del Espolón vom Durchgangsverkehr. Das war nicht immer so. Ganz früher rumpelten Kutschen voran, später wälzten sich Autokarawanen hier entlang. Umso mehr schätzt man die Ruhe und unverbrauchte Luft von heute.

Adresse Paseo del Espolón, 09003 Burgos | **ÖPNV** Busbahnhof (Estación de Autobuses) in der Calle de Miranda 4 | **Anfahrt** Parkplätze gibt es außerhalb der Altstadt nahe dem Fluss Arlanzón und im Parkhaus Museo Evolución Humana. | **Tipp** Ein kurzer Abstecher führt vom Paseo del Espolón zum Hauptplatz, der Plaza Mayor; in den Durchgangsbögen sieht man in Rot die Hochwassermarken der Jahre 1874 und 1930.

50 Der Arco de Santa María

Stadttor mit Innenleben

Es ist eine der schönsten Ansichten in Burgos. Wer über die Flussbrücke Santa María schlendert, sieht die Türme der Kathedrale regelrecht aus dem Arco de Santa María herauswachsen. Dabei liegt das Gotteshaus ein Stück hinter jenem Stadttor, das zum mittelalterlichen Stadtmauerring zählte und im 16. Jahrhundert eine Neugestaltung erfuhr. Es war ein Facelifting zu Ehren von Spaniens König Karl I. (1500–1558), als Karl V. Kaiser des Heiligen Römischen Reiches. Der Monarch präsidiert die Doppelreihe der Bildnisnischen über dem Bogen. Vertreten sind weitere Persönlichkeiten mit Regionalbezug, darunter El Cid (siehe Kapitel 46) und Stadtgründer Diego Porcelos, der Burgos 884 aus der Taufe hob. Dem Himmel näher, ganz oben über einem Engel und flankiert von Türmchenaufsätzen, thront die heilige Maria mit dem Kind. Tritt man durch den Bogen, ist der Anblick der Kathedrale einfach grandios.

Aber halt, keine Eile. Im Bogen liegt ein unscheinbarer Zugang in den Arco de Santa María – denn der hat auch ein Innenleben. Eine steile, mit einem Läufer ausgelegte Treppe führt in ein Kulturzentrum mit dem historischen Ratssaal (Sala de Poridad) und Räumlichkeiten für Wechselausstellungen. Zwei dauerhafte Exponate bringen aufs Neue El Cid ins Spiel. Eng verbunden mit dem Nationalhelden war sein Schwert, La Tizona. Draußen in der Bildnisnische im Arco de Santa María hält er es hoch in der Rechten, hier drinnen ist eine Nachbildung zu sehen. Original soll das sein, was in einer Vitrine als Armknochenstück von El Cid beschriftet ist (Hueso del Cid). Ob das wirklich stimmt? Das Knöchelchen ist bestens erhalten und für Zweifler von einem Echtheitszertifikat begleitet.

Es lohnt sich, nach Sonnenuntergang zurückzukehren zum Arco de Santa María. Dann sind die meisten Touristen längst weg. Der orangegelbe Lichtschein mit den fünfarmigen Laternen auf der Flussbrücke gibt dem Ganzen eine Zauberstimmung.

Adresse Arco de Santa María, Plaza del Rey Fernando, 09003 Burgos | **Öffnungszeiten** Ausstellungsbereiche Di–Sa 11–14 und 17–21, So 11–14 Uhr | **Tipp** Ein Bronzedenkmal zu Beginn des Paseo del Espolón – schräg gegenüber vom Arco de Santa María – zeigt eine Kastanien-Rösterin (La Castañera).

51 Die Casa del Cordón
Kolumbus, Royals und der Tod

So pompös er sein mag – dieser Bau führt ein Schattendasein im Stadtbild, versteckt sich regelrecht. Einst war die spätgotische Casa del Cordón die Residenz der Kronfeldherren, der höchsten Staatsrepräsentanten in Kastilien. Im Innern fanden Empfänge statt, Feste, gesellschaftlich-politische Events jeder Art. Der Name »Cordón« weist auf die Gürtelschnur der Franziskaner hin, die sich als kunstvoll verschlungene Bildhauerarbeit in Stein über den Eingang an der Plaza de la Libertad legt. Zu diesem Platz wendet sich die Casa del Cordón in ganzer Breite und bietet einen ungestörten Anblick, während zur anderen Seite ums Eck der Verkehr vorbeirauscht.

Das Palais steckt voller Historie. Links neben dem Dekor der Kordelschnur besagt eine Erinnerungstafel, dass die katholischen Könige Isabella von Kastilien und Ferdinand von Aragonien hier am 23. April 1497 Christoph Kolumbus nach dessen zweiter Entdeckungsfahrt in die sogenannte Neue Welt empfingen.

Weniger rühmlich ist das, was sich ein gutes Jahrzehnt darauf zutrug. Am 23. September 1506 verstarb Philipp I. von Kastilien, genannt Philipp der Schöne, in dem Palast. Er war mutmaßlich vergiftet worden. Der Fall wurde nie geklärt. Seine Witwe Johanna I. von Kastilien versank danach in psychischer Umnachtung und wurde besser bekannt als Johanna die Wahnsinnige. Oder standen nur Macht- und Ränkespiele hinter der Verbreitung ihres Geisteszustands?

Die Casa del Cordón befindet sich heute im Besitz eines Finanzinstituts, das wechselnde Kunstausstellungen veranstaltet. Den Zutritt kann man sich allerdings sparen. Restaurierungen haben das Innere gänzlich der historischen Substanz beraubt. Kein schöner Anblick. Noch unschöner muss jener nach dem Tod von Philipp dem Schönen gewesen sein. Auf Geheiß Johannas kleidete man den Leichnam festlich an und setzte ihn auf einen Thron.

Adresse Plaza de la Libertad / Calle de Santander, 09003 Burgos | **Öffnungszeiten** die Außenbesichtigung reicht | **Tipp** Nochmals El Cid, diesmal in Gestalt eines monumentalen Reiterdenkmals aus dem Jahr 1954. Es erhebt sich auf dem Platz vor dem nahen Stadttheater.

52 Der Tod als Begleiter
Ein Segen für die Nachwelt

Schätze hinter Klostermauern – das ist weltweit eine unendliche Geschichte, die in Burgos ihr Kapitel im Monasterio Las Huelgas Reales geschrieben hat. Gestiftet wurde es 1187 als maßgebliches Zisterzienserinnenkloster Spaniens von Kastiliens König Alfons VIII. und seiner Gemahlin Eleonore von England. Die vom Kloster angehäuften Reichtümer und Privilegien waren unglaublich; alsbald unterstanden Dutzende Orte im Umland der alleinigen Rechtsprechung der Äbtissinnen.

Die Anlage wirkt von außen streng und abweisend. Drinnen, beim Rundgang, ist der Tod ein treuer Begleiter, die Vielzahl an Grabstätten frappierend. Das im selben Jahr 1214 verstorbene Gründerpaar Eleonore und Alfons ruht pompös in einem Doppelsarkophag in der Kirche, verziert mit heraldischen Burg- und Raubtiermotiven. Über das Kirchenschiff Santa Catalina verteilen sich weitere Gräber von Mitgliedern der royalen Familie.

Verheerend war der Ansturm der napoleonischen Truppen im 19. Jahrhundert. Sie plünderten, was das Zeug hielt. Lediglich das Grabmal des Kronprinzen Fernando de la Cerda (1255–1275) blieb wegen seiner versteckten Lage unentdeckt und unberührt. Die wertvollen Beigaben und Kleidungsstücke waren ein Segen für die Nachwelt und Forschung; sie sind separat im Kloster ausgestellt.

Eine Standarte erinnert an die Schlacht von Navas de Tolosa im Jahre 1212, bei der die Reconquistatoren den Mauren eine entscheidende Niederlage beibrachten. Architektonische Schmuckstücke sind die Kreuzgänge San Fernando und Las Claustrillas sowie die Jakobskapelle mit ihrer mudéjaren Ausgestaltung. Kurios ist das Bildnis des Apostels Jakobus. Der bewegliche rechte Arm mit dem Schwert in der Hand gestattete es, dass sich die Könige gleichsam vom Heiligen hochselbst zum Ritter schlagen ließen, also von übergeordneter Stelle des Himmels – nun ja, mit etwas menschlicher Hilfe. Der Arm ist längst a. D., also außer Dienst.

Adresse Calle Compases, 09001 Burgos, www.patrimonionacional.es | **Anfahrt** Abzweig zum Kloster von der Landstraße N-120, die durch Burgos verläuft | **Öffnungszeiten** Di–Sa 10–14 und 16–18.30, So 10.30–15 Uhr; Besuch nur im Rahmen von Führungen | **Tipp** Ein weiteres besuchbares Kloster ist das der Kartäuser am östlichen Stadtrand: Cartuja de Miraflores, Carretera Fuentes Blancas Km 3,5, www.cartuja.org; Mo–Sa 10.15–15 und 16–18, So 11–15 und 16–18 Uhr.

53 Die Burg
Der schönste Thron der Stadt

Die Burg bildet nicht einzig aus weltlicher Sicht den Gegenpart zur Kathedrale von Burgos. Während die Glaubensfestung bis ins Detail herausgeputzt ist, hat sich vom Kastell nur ein Abglanz der Vergangenheit erhalten. Macht aber nichts, denn die Burg ist der schönste Thron über der Stadt. Der Aufstieg trägt in eine andere Welt, nicht allzu weit von der lebhaften City entfernt. Efeuumrankte Stämme säumen den Weg hinauf durch das Grün des Burgparks, ein paar Bierdosen vom letzten Gelage, eine leere Kondompackung.

Die Burg auf dem Hügel San Miguel war der Keim der Gründung von Burgos im Jahre 884 durch Graf Diego Porcelos. Dahinter stand die Neubesiedlung der Gegenden in Spaniens Norden – als Bollwerk gegen die feindlichen Mauren, die vor allem den Süden beherrschten. Überlebenswichtig war der Nachschub an Wasser: mit einem Brunnen, der in eine Tiefe von 63,5 Metern reichte. Im Verlauf des Mittelalters unterstand die Burg der direkten Kontrolle der Könige von Kastilien, die hier höfische Feste feierten und Widersacher einkerkern ließen. Später kam es zu Umbauten, Besitzerwechseln, einer Ära des Niedergangs, einem Großbrand, Zerstörungen durch napoleonische Truppen 1813. Insofern muss man für die restaurierte Bausubstanz dankbar sein.

Den Empfang zum Rundgang gibt ein weiter Innenhof. Fortan führen Metallgitterstege an Türmen und Mauerresten längs, aus denen Unkraut sprießt. 29 Stufen sind es hinauf zum höchsten Burgturm. Die Kathedrale liegt zu Füßen. Ein Grünsaum verrät den Flusslauf des Arlanzón. Etwas weiter schwenkt der Blick über den Block des Museums der Menschheitsgeschichte, Wohngettowüsten, Industrien an den Stadträndern. Dahinter dehnen sich die Weiten der Meseta aus, der spanischen Hochebene. Der Fernblick gibt gleichzeitig eine Vorausschau auf Kommendes – denn der Jakobsweg wird auf den nächsten 250 Kilometern durch die Meseta verlaufen.

Adresse Cerro de San Miguel, 09004 Burgos | **ÖPNV** Busbahnhof (Estación de Autobuses) in der Calle de Miranda 4 | **Anfahrt** Parkplätze gibt es außerhalb der Altstadt nahe dem Fluss Arlanzón und im Parkhaus Museo Evolución Humana; ab dort weiter zu Fuß und hinauf zur Burg | **Öffnungszeiten** täglich Juni – Sept. 10 – 19.30 Uhr, April und Mai 10 – 18.30 Uhr, Okt. – März 10 – 16.30 Uhr | **Tipp** Das erwähnte Museum der Menschheitsgeschichte (Museo de la Evolución Humana; www.museoevolucionhumana.com) liegt in der Innenstadt am Paseo Sierra de Atapuerca und dreht sich um archäologische Höhlen- und Grabungsfunde; geöffnet Di – Fr 10 – 14.30 und 16.30 – 20 Uhr, Sa 10 – 20 Uhr, So 10 – 15 Uhr.

54 Ein Pilgerdorf der Meseta
Friedenskulissen aus Stein

Gnadenlos geht die Natur auf der Meseta, der Hochebene, um die 900-Meter-Marke zu Werke. Im Winter pfeifen Winde von der Kantabrischen Kordillere herunter. Ab Frühjahr lasten die Temperaturen über Tag auf den zerfurchten Weiten. Der Jakobsweg reicht als Durststrecke bis zum Horizont. Hitzeflimmern. Bauchige Wolken. Disteln. Gelegentlich Gänsegeier am Himmel. Töne braun in braun, sobald die Sommersonne das Land verdorrt hat. Verbrannte Erde. Bäume sind Mangelware. Je nach Jahreszeit setzen Mohn und Hagebuttensträucher Farbkleckse in Rot. Eine besondere Stimmung für jene, die die innere Einkehr in der Einsamkeit gesucht haben. Nun ist sie da, auf dem Weg nach Hontanas, einem typischen Pilgerdorf in der Meseta, kaum 100 Einwohner stark.

Hontanas, abgeleitet vom altspanischen Wort für »Quellen«, breitet sich in einer Senke aus. Charmant, einfach, bäuerlich geprägt. Wahrzeichen ist der haubengekrönte Turm der Kirche Inmaculada Concepción, um die sich ziegelgedeckte Häuser ducken. Im Oberdorf, gleich am Pilgerpfad, übersieht man fast eine Minikapelle zu Ehren der Birgitta von Schweden (1303–1373). Drinnen bietet eine winzige Holzbank Platz und den Blick auf ein Gitter mit der Skulptur der Heiligen dahinter, die ein geöffnetes Buch in Händen hält. Am Gitter klemmen bunte Armbändchen, ein Rosenkranz. Die Kuppel ist in Blau und mit Muschelsymbolen ausgemalt. Eine Inschrift besagt: »Mögen dich die Freude und der Segen der heiligen Birgitta auf dem Weg begleiten.«

Beim Abgang ins Dorf lockt ein Terrassencafé mit Tischchen auf einem Wiesenteppich, doch eigentlicher Treffpunkt für Gott und die Welt ist der Kirchenvorplatz. Das Plätschern eines Brunnens dringt heran. In den Friedenskulissen aus Stein lässt man sich zur Bier-, Wein-, Kaffeepause nieder. Ein paar Pilger haben ihre Teleskopstöcke an einer Hauswand neben Blumentöpfen abgestellt – ein schönes Stillleben.

Adresse 09227 Hontanas, www.hontanas.es | **Anfahrt** Hontanas liegt an der Landstraße, die von Olmillos de Sasamón herleitet und am Jakobsweg nach Castrojeriz weiterführt. | **Tipp** Wer in der Stille von Hontanas übernachten will, findet im Ortskern ein einfaches Dach über dem Kopf im Gasthaus El Puntido (Calle Iglesia 6, Tel. 0034/947/378597, www.puntido.com).

55 Die einzigartigen Ruinen
Alle Wege führen hindurch

In den Top Ten der kuriosesten Anblicke auf dem Jakobsweg hat dieser einen unverrückbaren Platz: Pilgerstrecke und Landstraße verlaufen einvernehmlich auf Asphalt durch die Klosterkirche San Antón. Genauer: durch deren gotische Bögen, die als Ruinenskelette aufsteigen und vormals die Kirche mit dem Pilgerspital verbanden. In den Fensterresten steht das Stahlblau des Himmels über der Meseta.

Das Kloster San Antón (Convento de San Antón) war 1146 eine Gründung des Antoniter-Ordens, der zu den christlichen Hospitalorden zählte. Unter dem formellen Schutz von Kastiliens König Alfons VII. ließen sich in der Einsamkeit Brüder nieder, die sich um die Versorgung der Pilger kümmerten. Das Selbstverständnis gebot, auch Ankömmlinge mit ansteckenden Krankheiten und Vergiftungssymptomen zu versorgen. Dazu zählte das sogenannte Antoniusfeuer, das mit Krämpfen einherging und zum langsamen Absterben der Gliedmaßen sowie zum Tod führen konnte. Ärzte nach heutigem Maßstab waren die Antoniter und andere Gemeinschaften am Jakobsweg natürlich nicht. Oft konnten sie nur mit Erfahrungen aus der langjährigen Praxis und Hausmitteln helfen. Zwiebel-Essig-Gemische gegen Vergiftungen. Arnika für die Wundheilung. Kampfer für die bessere Durchblutung. Feuerrauch für die leidliche Desinfektion der Kleidung. Kennzeichen der Antoniter war das Tau- oder Antoniuskreuz auf ihrer Ordenstracht, abgeleitet vom Buchstaben Tau aus dem griechischen Alphabet.

Ende des 18. Jahrhunderts kam es zur Auflösung des Ordens, der auch in Frankreich, Deutschland und der Schweiz tätig gewesen war. Teile der Güter des Convento de San Antón fielen an die nahe Stiftskirche von Castrojeriz. Der Verfall nahm seinen Lauf. Im Innern der Ruinen setzt eine kleine Herberge seit Beginn unseres Jahrtausends die Tradition der Pilgeraufnahme fort – weit weg von Komfort, sehr archaisch.

Adresse Convento de San Antón, bei 09110 Castrojeriz gelegen | Anfahrt Durch den Convento de San Antón führt die Landstraße von Hontanas her und weiter nach Castrojeriz. | Tipp Unten in den Ruinenbögen hinterlassen Pilger in Nischen oft kleine Pflanzengebinde, Nachrichten für Nachzügler, Bitt- und Dankeszettel.

CASTROJERIZ

56 Zu Füßen der Burg
Ein Schloss namens Fritz

Markant zeichnet sich Castrojeriz in der Ferne mit seinem Burgruinenhügel ab, ein Zeugnis der Dauerkonflikte zwischen Christen und Mauren im Mittelalter. Im Zuge der Reconquista kam es im 10. Jahrhundert seitens der spanischen Christen zu Wiederbesiedlungsmaßnahmen, die mit steigenden Privilegien und Sonderrechten einhergingen.

Castrojeriz gelangte allmählich zur Blüte und avancierte zu einer bekannten Station am Jakobsweg, wo sich mehrere Ordensgemeinschaften niederließen. Im Jahre 1494 traf hier der deutsche Servitenmönch Hermann Künig von Vach auf seiner Pilgerschaft ein. In seinem in Versform verfassten Buch »Die walfart und Straß zu Sant Jacob« gab er den Ortsnamen mit »Fritz« wieder und stellte die Bedeutung der Pilgerstation Castrojeriz heraus: »Über eine halbe Meile findest du ein Schloss heißt Fritz / Auf Deutsch ist es geheißen die lange Stadt / darin man vier Spitäler hat.« Vier Spitäler – das war angesichts der Größe und Lage eine respektable Hausnummer.

Erstaunlich lang gestreckt ist Castrojeriz geblieben. Der Ort schmiegt sich um die Süd- und Westhänge des Burgbergs. Er begrüßt Jakobspilger, die vom Convento de San Antón herkommen und den Abzweig von der Straße an einem Wegekreuz nehmen, mit seiner wichtigsten Kirche: der Stiftskirche (Colegiata) Virgen del Manzano, 1214 im Übergang zwischen Romanik und Gotik begonnen und später mehrfach umgestaltet; das gotische Marienbildnis hat seinen Ehrenplatz im Innern. Nichts geblieben ist vom Stadtmauermantel, in den sich Castrojeriz im Mittelalter hüllte. Dafür haben sich zwei weitere Kirchen erhalten, San Juan und Santo Domingo.

In Castrojeriz galt und gilt es für Jakobspilger, frische Kräfte zu schöpfen. Die sind dringend nötig. Denn ein Stück weiter zieht sich der Weg in einem langen, zehrenden Anstieg auf den Alto de Mostelares, der sich wie ein Tafelberg erhebt.

Adresse 09110 Castrojeriz, www.castrojeriz.es | **Anfahrt** Castrojeriz liegt an der Kreuzung der Landstraßen BU-400, BU-404 und BU-405. | **Tipp** Das Innere der Stiftskirche Virgen del Manzano ist als Museum sakraler Kunst aufbereitet, aber leider nur sehr unregelmäßig geöffnet. Trotzdem: Auf gut Glück probieren, den Versuch ist es wert.

RÍO PISUERGA

57 Der Brückenschlag
Eindrücke zwischen den Provinzen

Man muss teilen können. Für Pilger und Motorisierte geht es gemeinschaftlich über diese historische Flussbrücke, die den Río Pisuerga passiert und in Kastilien-León die Provinzgrenze zwischen Burgos und Palencia absteckt. Zum Glück ist das Verkehrsaufkommen gering und von beiden Zufahrtsseiten her durch eine Ampelschaltung geregelt. Zwei Fahrzeuge würden es auf dem schmalen Übergang nicht aneinander vorbeischaffen. In seltenen Fällen wälzt sich ein Reisebus mit Pilgerfracht hinüber. Fußgänger finden, falls nötig, kleine Ausweichlücken. Die beste Fotoperspektive liegt links vor der Brücke, wenn man abwärts ans Ufergesträuch geht.

Der Brückenvorläufer geht auf die Zeit von Kastiliens König Alfons VI. (1037–1109) zurück. Allzu breit war der Strom nicht, aber sehr wasserreich. Überschwemmungen zogen das Bauwerk derart in Mitleidenschaft, dass es in einen ruinösen Zustand geriet. Um 1590 begann der Neubau der Brücke aus Kalkstein. Doch der Pisuerga, der letztlich in den bekannten Duero mündet, gab keine Ruhe. Hochwasser machten immer wieder Ausbesserungen nötig.

Die umliegenden Landstriche sind dünn besiedelt, wie so oft auf Spaniens Hochebene, der Meseta. Das nächste Dorf Itero del Castillo liegt nah, hält sich aber versteckt; nach ihm ist die Brücke benannt (Puente de Itero del Castillo). Was in Sicht liegt, etwa 200 Meter vor der Brücke direkt am Pilgerweg, ist das einsame Kirchlein San Nicolás. Es datiert im Ursprung, ebenso wie die Brücke, aus dem Mittelalter. Heute dient es als Herberge und trägt den Namen San Nicolás de Puentefitero. Wer hier Station macht, wird automatisch geerdet. Strom gibt es nicht, dafür Kerzen. Zehn Pritschen stehen in dem einschiffigen Bau bereit. Um den Unterhalt und die Pilgerversorgung kümmern sich zwischen April und Oktober Freiwilligenteams einer Jakobsbruderschaft aus Perugia in Italien.

Adresse Puente de Itero, kurz vor 09107 Itero del Castillo gelegen | **Anfahrt** Hinter Castrojeriz hat sich der Pilgerweg von der Landstraße gelöst, die ihrerseits in einer weiten Schleife über Castrillo Mota de Judíos an die Pisuerga-Brücke anbindet. | **Tipp** Nichtpilger dürfen nicht hinein in Herbergen – doch die Freiwilligen der italienischen Bruderschaft, die San Nicolás de Puentefitero unterhalten, sind oft gerne zu einem Plausch mit jedermann bereit.

58 Der Gerichtspfeiler
Pranger am Kirchplatz

Nachdem der deutsche Ritter und Lebemann Arnold von Harff Ende des 15. Jahrhunderts auf dem Jakobsweg unterwegs gewesen war, berichtete er in seinem Buch von Erhängten an Galgen und Bäumen und davon, dass man Übeltäter fessele und an hohe Säulen binde. Diese Schilderung verweist auf die Gerichtspfeiler oder Gerichtssäulen, die früher auch in Spanien an der Pilgerroute den Bereich der Gerichtsbarkeit einer Gemeinde begrenzten. Zudem konnten sie als Pranger fungieren. Hier führte man den Angeklagten in Ketten oder Halseisen vor, stellte ihn zur Schau, vollzog zur Abschreckung exemplarische Strafen. Es waren kleine Freiluftschauspiele, die dort vor den Augen der Dorfbevölkerung stattfanden. Was gab es sonst schon an Unterhaltung?

Nicht auszuschließen, dass ungerechte Urteile gefällt wurden, auch über Pilger. Dies wissen wir spätestens seit dem Hühnerwunder in der Rioja in Santo Domingo de la Calzada und dem diebischen Burschen, der keiner war (siehe Kapitel 39).

Im Pilgerdorf Boadilla del Camino tritt der große Bau der Kirche Mariä Himmelfahrt (Iglesia de Nuestra Señora de la Asunción) hinter der Mikroarchitektur des Gerichtspfeilers (Rollo de Justicia) zurück. Einsam steht er da, mitten auf dem Freiplatz neben der Kirche, ein Werk der Spätgotik, über sieben Meter hoch und damit der größte in der Provinz Palencia. Gekrönt ist das nationale Kulturgut von einer Art Türmchenspitze. Grazil schraubt es sich himmelwärts. Dahinter liegen einfache Häuser, bei denen es nicht einmal für vernünftigen Putz gereicht hat. Wohlhabend ist die Gegend niemals gewesen, Landflucht unverändert ein Thema.

Die Basis des Gerichtspfeilers gibt ein fünfstufiges Rund. Die fein herausgearbeiteten Dekorationen in Stein umfassen vornehmlich Blumenmotive, doch weiter oben sind ebenfalls Jakobsmuscheln und furchteinflößende Ungeheuer vertreten.

Adresse Plaza El Rollo, 34468 Boadilla del Camino, http://boadilladelcamino.es | **Anfahrt** Boadilla del Camino liegt an der Landstraße P-432. | **Tipp** Zur wärmeren Jahreszeit können sich Weißstörche auf der Himmelfahrtskirche niederlassen.

CANAL DE CASTILLA

59 __ Die Idylle am Kanal
Einfach treiben lassen

Nichts deutet darauf hin, dass ein Stück hinter Boadilla del Camino einer der schönsten Abschnitte des Jakobswegs beginnt: kilometerlang parallel zum Kastilien-Kanal, auf Spanisch Canal de Castilla. Wer motorisiert auf Achse ist, stellt sein Fahrzeug einfach im Dorf ab, schnürt die Wanderschuhe und geht nach Lust und Laune ein Wegstück an. Wendemarke ist spätestens nach fünf Kilometern, wo der Pilgerweg kurz vor Frómista bei einer Schleuse ein Brückchen nach rechts passiert. Daneben fällt der Kanal in mehreren Stufen ab. Kurz vor der Brücke liegt die Ablegestelle des Ausflugsboots »Juan de Homar« (siehe nächstes Kapitel). Am Weg gibt ein Holzschild die verbleibende Entfernung bis Santiago de Compostela mit 424 Kilometern an.

Der Kastilien-Kanal war ein kostspieliges, ingenieurtechnisches Meisterwerk in Spaniens Zeitalter der Aufklärung. Der Bau zog sich von 1753 bis 1849 fast ein Jahrhundert hin. Er umspannte letztlich ein 207 Kilometer langes Netz, im Wesentlichen gespeist vom Fluss Pisuerga, den der Jakobsweg bei Itero del Castillo gekreuzt hat (siehe Kapitel 57). Um Höhen zu überwinden, brauchte es Schleusen. Hinter dem Projekt standen dreierlei Absichten: die Bewässerung einer der größten Kornkammern Spaniens, der Antrieb von Getreidemühlen und vor allem der Transport des Getreides. Um 1860 verkehrten Hunderte Lastkähne auf dem Kanal, gezogen durch Maultiere auf den Treidelpfaden.

Idyllischer geht es kaum als auf dem Jakobswegstück hinter Boadilla del Camino. Flach wie ein ausgestreckter Handteller dehnt sich der Weg am Kanal in die Weite. Fern von Fahrzeugverkehr fühlt man sich im Einklang mit der Natur. Der Wind raschelt im Uferschilf, fährt durch Hagebuttensträucher. Bäume spenden Schatten, obgleich nicht überall. Der Kies knirscht unter den Schuhsohlen. Das langsam fließende Wasser wirkt beruhigend. Einfach durchatmen. Einfach treiben lassen.

Adresse Canal de Castilla, 34468 Boadilla del Camino/34440 Frómista, www.canaldecastilla.org | **Anfahrt** Während die Pilgerroute hinter Boadilla del Camino direkt am Kastilien-Kanal entlang bis zum Ortsrand von Frómista leitet, stößt die Landstraße (erst die P-432, dann Abzweig auf die P-431) über eine Schleife hinzu. | **Tipp** An der Landstraße P-431 hat man kurz vor Frómista den besten Blick auf den Stufenabfall der Kanalschleuse; das Fahrzeug kann man dort problemlos am Straßenrand abstellen.

CANAL DE CASTILLA

60 Auf Bootstour
Im Schneckentempo am Jakobsweg längs

Warum nicht einmal die Perspektive wechseln, ganz gleich, in welcher Form man den Jakobsweg angegangen ist? Eine Gelegenheit dazu ist wie nirgendwo sonst unterwegs eine Bootsfahrt auf dem Kastilien-Kanal, den wir seit dem vorherigen Kapitel kennen. Nach der Fertigstellung Mitte des 19. Jahrhunderts war dem Kanal nur ein kurzer Boom als Verkehrsachse beschieden, mit der baldigen Ankunft der Eisenbahn alles vorbei.

Der Startpunkt zur Tour liegt kurz vor Frómista beim mehrstufigen Abfall der Kanalschleuse und damit beim alten Schleusenwärterhaus, in dem nunmehr eine Touristeninformation untergebracht ist. Das Elektroboot »Juan de Homar« schluckt seine Gäste, dann taucht man ein in die Faszination des Kanals: gegen den Strom des Wassers und des Jakobswegs, bis in die Nähe von Boadilla del Camino und wieder zurück. Die Gedanken driften ab in die Geschichte, als Tausende Männer den Kanal mit »Picken und Schaufeln«, wie es heißt, aushoben. Das Kanalsystem splittet sich in drei miteinander verbundene Arme. Hier schnurrt man im Schneckentempo auf dem Nordarm voran. Pilger kommen entgegen, winken, machen Handyfotos. In der Ferne wirbelt ein Traktor eine Staubfahne auf. Das Wasser ist ruhig, ohne den leisesten Anflug einer Welle. Pappelreihen spiegeln sich darin. Das Wildlife beschränkt sich auf Reiher, Fischotter, Flusskrebse. Gelegentlich gehen Einheimische mit Ködern und Spezialequipment auf Krebsfang.

Besonders tief ist der Wasserlauf nicht. »Zweieinhalb bis drei Meter«, sagt Bootsfrau Cristina Gabriela Marian, die zum Bordpersonal zählt und Flusskapitänin werden möchte. Kennt sie Gefahren im Kanal? »Nein, nur der Schlamm kann problematisch sein«, antwortet sie und warnt eindringlich davor, im Canal de Castilla zu schwimmen. Hier und jetzt an Bord hat man ohnehin anderes im Sinn. Einfach zurücklehnen. Einfach gemütlich voranschippern lassen.

Adresse Barco Juan de Homar, Embarcadero, Canal de Castilla, 34440 Frómista, Tel. 0034/673/368486, www.palenciaturismo.es/visitar/lugares-interes/canal-castilla-embarcacion-juan-homar | **Anfahrt** am Ortsrand von Frómista nahe der Landstraße P-431, wo man nahe dem Kanal parken kann | **Öffnungszeiten** Verkehrszeiten April–Okt. Mi–Mo 10.30–14 und 16.30–20 Uhr, sonst 10.30–14 und 16–18 Uhr; Betriebsferien im Februar | **Tipp** Unweit der Ab-/Anlegestelle des Bootes liegt ein kleiner Picknickplatz im schattigen Grün.

61 Die fleischliche Sünde
Romanik mit Sakralerotik

Mitten im Ort treffen wir eine alte Bekannte wieder: Doña Mayor, eine Königin Navarras, die im 11. Jahrhundert die Brücke von Puente la Reina stiftete (siehe Kapitel 20). In Frómista sorgte sie für die Gründung eines Klosters. Einzig erhalten ist von der einst mächtigen Anlage die Kirche Sankt Martin (Iglesia de San Martín).

Einsam steht das Gotteshaus auf einem Platz. Zwei schlanke Rundtürme zeigen nach Westen. Über der Vierung strebt die oktogonale Kuppel himmelwärts. Umschlungen wird das Bauwerk in mehreren Höhen von Steinschmuckbändern; Motiv war das sogenannte »Schachbrettmuster von Jaca«, ein Dekorationselement der Romanik, das sich von Aragoniens alter Hauptstadt Jaca dank Architekten und Steinmetzen am Jakobsweg verbreitete. Ebenfalls rundherum ziehen sich über 300 Sparrenfiguren, die Pflanzen und Fabelwesen zeigen, Raubtiere, Monster, Menschen. Wer mit scharfem Auge zur obersten Figur am Nordgiebel aufblickt, mag es kaum glauben. Ein Phallusmann lässt schamlos heraushängen, was sonst in die Hose gehört. Das ist Sakralerotik, ein Sinnbild der personifizierten fleischlichen Sünde. Wer aus der Entfernung Maß nimmt, wird feststellen, dass er schon Größeres gesehen hat im Leben – dennoch ist die Relation im Vergleich zur Körpergröße respektabel.

Die Martinskirche wirkt erhaben, elegant, stilrein. Das Innere ist gleichermaßen restauriert und dank seiner Schlichtheit stimmungsvoll. Die Schachbrettbänder finden hier ihre Fortsetzung. Unter dem Tonnengewölbe stechen die Kapitelle heraus. Da erkennt man Adam und Eva beim Sündenfall, Pinienzapfen, Blätter, Früchte, Ranken. Andere Kunstwerke sind ein frühgotisches Bildnis des Gekreuzigten, eine Martins- und eine Jakobusskulptur. Eine schmiedeeiserne Öllampe trägt die Inschrift »Dona Munia« und verweist somit auf die Stifterin Doña Mayor. Ihr verdanken wir seit fast einem Jahrtausend eine Perle der Romanik.

Adresse Iglesia de San Martín, Plaza de San Martín, 34440 Frómista | **Anfahrt** nach Frómista hinein auf der Landstraße P-431 fahren, dann auf die Landstraße P-980 parallel zum Pilgerweg wechseln | **Öffnungszeiten** April–Okt. im Regelfall täglich 9.30–14 und 16.30–20 Uhr, während des übrigen Jahres 10–14 und 15.30–18.30 Uhr | **Tipp** Zur Einkehr in Frómista empfiehlt sich die Hostería de los Palmeros, die typisch kastilische Küche pflegt; Plaza de San Telmo 4, Tel. 0034/979/810067, www.hosteriadelospalmeros.com.

VILLALCÁZAR DE SIRGA

62 Die Weiße Madonna
Ein König und seine Lobpreisgesänge

Könige in Spanien galten allenfalls in Ausnahmefällen als Intelligenzbestien, als Förderer von Wissenschaft und Kultur. Man erinnere sich allein an Juan Carlos I., den Elefanten- und Schürzenjäger, der auf Auslandskonten dubiose Geldmengen anhäufte und 2014 geschlagen abdankte. Bei Alfons X. dem Weisen (1221–1284) lagen die Schwerpunkte anders.

Unter seiner Ägide entstanden das astronomische Werk der Alfonsinischen Tafeln und die Sammlung der Lobpreisgesänge Mariens (Cantigas de Santa María), die ihm selber zugeschrieben wird. Ob und was der Monarch wirklich persönlich verfasste, ist ungewiss – doch die Cantigas hatten eine große Wirkung bis hin an den Jakobsweg nach Villalcázar de Sirga. Dort fand die Weiße Madonna, die viele Mirakel bewirkte, Aufnahme in die Lobpreisgesänge. »Denn sie heilte viele von ihren Krankheiten und erweckte Tote zum Leben«, heißt es an einer Stelle.

Viele Pilger kamen ihr zu Ehren nach Villalcázar de Sirga, suchten Zuspruch, Kräftigung, Heilung. Der Weißen Madonna ist die Kirche geweiht (Iglesia de Santa María la Blanca), ein Gotteshaus in romanisch-gotischem Stil, dessen Ursprung auf die Tempelritter zurückgeht. Das Südportal, geschützt durch einen Vor- und Überbau, überwältigt mit seinem Skulpturenschmuck über den Archivolten. Im Mittelpunkt steht die Madonna, neben der der Dichterkönig ehrerbietig kniet. Weiter oben sitzt Christus auf seinem Thron, umgeben von den Evangelistensymbolen und zehn Aposteln; die beiden Apostel rechts verschwanden beim Einsturz des Turms.

Blickfänge im Innern sind das Bildnis der Weißen Madonna im Haupttretabel und die Jakobuskapelle; der wichtigste der drei wappenverzierten Sarkophage ist jener des Kronprinzen Felipe de Castilla (1231–1274), Bruder von Alfons X. dem Weisen – an den von Wissen und Kultur her bis heute kaum jemand herangereicht hat unter Spaniens Monarchen.

Adresse Iglesia de Santa María la Blanca, Plaza Mayor / Calle Costanilla, 34449 Villalcázar de Sirga | Anfahrt Villalcázar de Sirga liegt direkt am Jakobsweg an der Landstraße P-980. | Öffnungszeiten nicht immer zuverlässig, Anhaltspunkte sind prinzipiell diese: Juli–Okt. Di–So 11–14 und 17–20 Uhr, während der übrigen Monate oft nur Sa/So 11–14 und 16–18 Uhr | Tipp Deftige Küche gibt es nahe der Kirche im Mesón Los Templarios; Plaza Mayor, Tel. 0034/979/888022, www.mesondevillasirga.com.

63 Die »wohlhabende Stadt«
Halbzeit

Eine »wohlhabende und vortreffliche Stadt, reich an Brot, Wein, Fleisch und allen Sorten an Erzeugnissen«, schwärmte der Verfasser des Jakobsbuches Codex Calixtinus im 12. Jahrhundert von Carrión de los Condes, einem Flecken in der Meseta. Für Jakobspilger ist nun ungefähr Halbzeit; von den Pyrenäen nach Carrión de los Condes ist es etwa genauso weit wie von Carrión de los Condes nach Santiago de Compostela.

Wein und Fleisch haben wir hier nicht probiert, aber immer wieder festgestellt: Wenn Carrión de los Condes tatsächlich wohlhabend war, ist der Reichtum so gebröckelt wie die Stadtmauerreste. Der Schwerpunkt liegen auf den kleinen Feinheiten, die sich von Anfang bis Ende durch den Ort ziehen. Los geht es mit der Kirche Santa María del Camino, die sich mit ihrer Bogenfront und einem leicht verwitterten Portal an den Pilgerweg schiebt. Den Namen gibt ein polychromiertes Marienbildnis aus Stein, entstanden im Zeitraum zwischen 1250 und 1300; oft flackert ein Kerzenmeer davor. Ungewöhnlicher ist eine gotische Skulptur von Christus Beschützer (Cristo del Amparo); er soll von einem deutschen Pilger aus dem Rheinland stammen, was ansatzweise Parallelen zum Christus in Puente la Reina aufwirft (siehe Kapitel 16).

Später passiert der Jakobsweg den gefälligen Rathausplatz und die Westfassade der romanischen Jakobuskirche. Deren Skulpturenfries beherrscht Christus in einer Mandorla auf dem Thron, ihm zur Seite die Symbole der vier Evangelisten. Weltliche Berufe ihrer Zeit finden sich darunter in der Archivolte dargestellt, so wie der Schmied und das Klageweib.

Das Adiós am Ortsausgang gibt das Kloster San Zoilo mit seinem platoresken Kreuzgang. Bald sieht man sich aufs Neue von den Weiten der Meseta geschluckt, bringt Dorf um Dorf, Kilometer um Kilometer hinter sich. Monoton oder inspirierend? Das wird jeder anders empfinden.

Adresse 34120 Carrión de los Condes, www.carriondeloscondes.org | **Anfahrt** Die Landstraße P-480 leitet von Villalcázar de Sirga her parallel zum Pilgerpfad auf Carrión de los Condes zu. | **Tipp** Wichtigste Zwischenstation auf dem Jakobsweg zwischen Carrión de los Condes und León ist das Städtchen Sahagún mit den romanisch-mudéjaren Kirchen San Tirso und San Lorenzo; nimmt man bedeutsame Baudenkmäler als Maßstab, gibt es sonst bis León einen Durchhänger.

64 Himmel und Hölle
Ein Bilderreigen

Sie ist wie ein Schiff aus Stein, auf dem höchsten Punkt der Altstadt von León verankert: die Kathedrale, ein gotischer Prachtbau, der sich am schönsten im Morgen- und Abendlicht von dem Himmelsblau abhebt. An selber Stelle schlugen die Urgründer der Stadt im Jahre 68 nach Christus ihr Lager auf. Es waren die Römer der VII. Legion, die mit dem Schutz von Goldtransporten betraut war; von »Legion« leitet sich der Name León ab.

Die Kathedrale von León gilt als die französischste in Spanien, so heißt es. Das Sprichwort von den vielen Köchen, die den Brei verderben, greift hier nicht. Diverse Baumeister schufen im Wesentlichen im 13. und 14. Jahrhundert ein einheitliches Werk, das sich an den französischen Vorbildern Chartres, Reims und Amiens orientierte. Die Überraschung folgt im Innern mit der Flut der Buntglasfenster (siehe nächstes Kapitel), doch zunächst will das Äußere verarbeitet werden. Die Türme sind ähnlich, aber nicht gleich, und streben mit einer leichten Abweichung himmelwärts: 65 und 68 Meter hoch.

Die drei Portale der Hauptfassade tragen den reichsten Skulpturenschmuck. Der Mittelpfeiler zeigt ein Replikat der Virgen Blanca, der »Weißen Jungfrau«, deren Original man drinnen in der Zentralkapelle des Altarumgangs begegnet. Darüber richtet sich der Blick auf das Tympanon und den Fries des Jüngsten Gerichts. Hier blättert sich, wie so oft, ein Bilderreigen auf. Christus mit der Königskrone und erhobenen Händen, darüber Engelsscharen in den Archivolten, darunter rechts die Scheußlichkeiten der Hölle für die Ungerechten. Dort kochen die Kessel auf großer Flamme, zermalmen grässliche Gestalten mit Riesenzähnen die Körper von Sündern. Gendergerecht müsste man leider sagen: Sünderinnen. Denn exemplarisch dargestellt wurden von den Künstlern des Mittelalters nur Frauen. Zum Glück sind Frauen aber auch auf der linken Seite bei der Darstellung der Gerechten vertreten.

Adresse Plaza de la Regla, 24003 León, www.catedraldeleon.org | **ÖPNV** Der Busbahnhof (Estación de Autobuses) für Fernbusse liegt in der Avenida Ingeniero Saénz de Miera. | **Anfahrt** In der Altstadt von León geht nichts; Parkhäuser im Zentrum sind Plaza Mayor und Santo Domingo, etwas weiter weg beim Bahnhof. | **Tipp** Auf dem Kathedralplatz, der Plaza de la Regla, versteht sich ein modernes Hände-Monument aus Bronze als Hommage an die Vielzahl der Baumeister der Kathedrale.

65 Die Buntglasfenster
Siegeszug des Lichts

Unfassbar! Wie gebannt bleibt man beim Eintritt in die Kathedrale von León stehen, schaut umher, ringt nach Worten, sucht nach Vergleichen. Und fragt sich, wo man andernorts Derartiges gesehen hat – und wie das Gebäude überhaupt halten kann. 1.800 Quadratmeter Buntglasfenster machen den Dom zum Unikat, versetzen in eine Wunderwelt aus Blau, Gelb, Grün und Rot. Tausendfach gebrochene, gefilterte Farben in Fenstern und Rosetten, nah bei den Betrachtern und oben in schwindelnden Höhen. Eine Symphonie des Lichts. Eine unvergleichliche Harmonie. Ein Zusammenspiel aus Eleganz und Leichtigkeit, das die Gotik des Baukörpers umso stärker akzentuiert.

Die Buntglasfenster sind bis zu zwölf Meter hoch, die ältesten stammen aus dem 13. Jahrhundert. Genau das macht Restaurierungs- und Reinigungsarbeiten so kompliziert. Welche Mittel verwendet man, um die bleiverglaste Substanz nicht zu schädigen? Einmal mit »Meister Proper« oder anderen Putzmännerwaffen drüber, um Schmutzbeläge zu lösen – ein Ding der Unmöglichkeit und ohne Tiefenanalysen undenkbar.

Nichts war Zufall bei der Anordnung der Motive zum Innenraum und dem Lauf der Sonne hin. Im Osten durchdringen die ersten Strahlen des Tages den Stammbaum Christi, an der Westfassade versinken sie auf dem Jüngsten Gericht. Steine und Glas vermischen sich, steigen von unten nach oben von der Erdentiefe zum Universum auf. Blumen- und Pflanzenmotive stehen in den unteren Bereichen für den Bodenbewuchs der Natur. Dann kommen die Menschen, ihre symbolischen Tugenden und Sünden, mit denen sich die Betrachter konfrontiert sehen sollen. Und darüber: Könige und Propheten, Engel, Heilige. Hinter der Fensterpracht steckte ein glasklares Konzept, eine Injektion der Erleuchtung, die sich tagtäglich wiederholt: der Siegeszug des Lichts, um die Finsternis zu dominieren, der umfassende Triumph des Christenglaubens.

Adresse Kathedrale, Plaza de la Regla, 24003 León, www.catedraldeleon.org | **Anfahrt** An den Rand der Altstadt fahren; die nächstgelegenen Parkhäuser sind Plaza Mayor und Santo Domingo. | **Öffnungszeiten** Mai–Sept. Mo–Sa 9.30–13.30 und 16–20 Uhr, So 9.30–11 und 14–20 Uhr (im Mai So nur 9.30–14 Uhr), Okt.–April Mo–Sa 9.30–13.30 und 16–19 Uhr sowie So 9.30–14 Uhr | **Tipp** In der Kathedrale genießt der heilige Froilán (833–905) als früher Bischof und Patron der Diözese Verehrung. Seinen silbernen Reliquienschrein, ein Werk von Enrique de Arfe, sieht man unter dem Hauptaltar.

LEÓN

66 Das Chorgestühl
Befremdlicher Stoff in heiligen Hallen

Ein Phantasietier, das mit gespreizten Beinen genüsslich am eigenen Hinterausgang leckt. Ein Betrunkener mit glasigem Blick über einem Weinfass. Ein Mann, der sich in Schräglage einen Krug mit der Linken an den Allerwertesten hält. Das sind Szenen, die man am allerwenigsten in Kirchen erwarten würde. Doch in der Kathedrale von León gibt es sie. Genauer: im spätgotischen Chorgestühl, an das Besucher im Mittelschiff herantreten und sich ein wenig Zeit für die Details nehmen sollten. Da muss man vorbereitet sein auf befremdlichen Stoff in heiligen Hallen.

Ein Künstlerteam aus Flandern schnitzte das Chorgestühl Ende des 15. Jahrhunderts aus Nussbaumholz. »Die Schule dort war sehr fortschrittlich und die Institution Kirche viel offener, als man es heute für möglich hält«, sagt Guillermo Alonso Ares. Er ist Musikwissenschaftler an der Universität von León und Organist in der Kathedrale. »Zwischen Messen und Messen« habe er immer viel Zeit gehabt, im Chorgestühl die Dekors zu studieren, darunter die Misericordien (Misericordias), also die Holzstützen an den Klappsitzen.

Im Chorgestühl finden sich Heilige und biblische Figuren wie König David – aber gleichermaßen profane, satirische, spöttische, teils obszöne Darstellungen. In der Gesamtheit ist das für Alonso Ares »ein Katalog des Guten und des Bösen«, wie er sagt. »Um das Gute herauszustellen, wollte man zum Vergleich Allegorien schaffen, auch das Böse und Sündhafte abbilden.« In einem versteckten Eck im Oberbereich, das er als Chorsänger kennt, aber für Besucher nicht einzusehen ist, hat er sogar eine Gay-Szene ausgemacht: »Zwei Männer, die Zärtlichkeiten austauschen, damals ein absolutes Tabuthema.« Genügend Raum zur Betrachtung bleibt trotzdem – und zum Staunen. Über einen Mann, der den Zeigefinger im Nasenloch versenkt hat und popelt. Oder über ein Wildschwein, das einen Dudelsack spielt.

Adresse Kathedrale, Plaza de la Regla, 24003 León, www.catedraldeleon.org | **Anfahrt** An den Rand der Altstadt fahren; die nächstgelegenen Parkhäuser sind Plaza Mayor und Santo Domingo, etwas weiter weg bietet sich eine Alternative beim Bahnhof. | **Öffnungszeiten** Mai–Sept. Mo–Sa 9.30–13.30 und 16–20 Uhr, So 9.30–11 und 14–20 Uhr (im Mai aber So nur 9.30–14 Uhr), Okt.–April Mo–Sa 9.30–13.30 und 16–19 Uhr sowie So 9.30–14 Uhr; Kassenschluss immer 30 Minuten vor Schließung | **Tipp** Der Chor gibt einen guten Blick auf das Hauptretabel der Kathedrale frei. Die prächtig bemalten Bildtafeln datieren aus dem 15. Jahrhundert; das Motiv ganz oben zeigt die Überführung des heiligen Jakobus mit dem Ochsenkarren.

LEÓN

67 Die Jungfrau vom Würfel
Ein Umweg und eine Legende

Kirchen haben ihre versteckten Seiten. Das bezieht sich jetzt nicht auf die Amtskirche, sondern die Räumlichkeiten und ist in der Kathedrale von León nicht anders. Der Weg zum Nordportal der »Würfel-Jungfrau« ist vom Innenraum des Doms her versperrt, man erreicht es über einen Umweg durch den Kreuzgang. Dort zweigen die Zugänge ins phantastische Dommuseum ab. Aber wo ist das Nordportal? Es verbirgt sich hinter einem Zwischentor und einem Vorbau – um dann mit all seiner Farb- und Motivgewalt auf die Besucher einzustürzen.

Christus der Erlöser thront im Bogenfeld in der Mandorla. Links auf einem Sockel verharrt der Apostel Jakobus in einem farbsatten Umhang; eine Jakobsmuschelschale ziert seine Umhängetasche, eine weitere den befremdlichen Hut, der einem umgestülpten Blumentopf gleicht. Unten rechts und links prangen in Rot und Goldgelb die Reliefs mit den Wappensymbolen der hiesigen Region Kastilien-León, Burg und Löwe; die Motive wiederholen sich in den Rahmen um das Holztürdoppel in der Mitte. Ebendort steht ein Marienbildnis, das – ebenso wie das Kind in ihrer Hand – in ein blau-goldgelbes Sternengewand gehüllt und als »Jungfrau vom Würfel« (Virgen del Dado) bekannt ist.

Jungfrau vom Würfel? Eine Legende gibt Aufschluss zum seltsamen Namen, den selbst Google sonst nirgendwo anders findet. Zur Einordnung muss man wissen, dass das Nordportal ursprünglich wie die anderen Portale des Doms problemlos zugänglich war. Davor fand sich immer ein Grüppchen Männer ein und vertrieb sich die Zeit mit Würfeln. Eines Tages hatte einer der Spieler wiederholt Pech. Als er abermalig eine Partie verlor, schleuderte er die Würfel wutentbrannt weg und traf das Jesuskind an der Stirn, aus der Blut rann. Panikartig stürmten die Männer fort. Bis heute wirken Kind und Mutter wie ausgeknockt. Beider Blicke sind starr, gedankenverloren, irgendwie glasig.

Adresse Kathedrale, Plaza de la Regla (separater Seiteneingang, Richtung Dom blickend links in der Gasse), 24003 León, www.catedraldeleon.org | **Öffnungszeiten** Zutritt in den Kreuzgang Di–Sa 9.30–13.30 und 16–19 sowie So 9.30–13.30 (Okt.–Mai bis 14 Uhr) | **Tipp** Ein Aufpreis erlaubt zu denselben Öffnungszeiten den Besuch des Dommuseums, das eine Fülle sakraler Schätze bietet.

68 Der Freiluftmarkt
Zeitreise zwischen gestern und heute

Die gute alte Zeit lebt mittwochs und samstags, jeweils bis zur spanischen Mittagszeit, auf dem Markt von León fort. Kulisse ist die Plaza Mayor Constitución Española, die sich dann in eine Bühne des pulsierenden Lebens verwandelt. Die Einheimischen sind in der Mehrzahl, Touristen gehen im geschäftigen Trubel unter. Rundherum ziehen sich Arkaden. Wichtigster Bau ist das alte Barockrathaus mit seinen Doppeltürmen. Der Markt steht in der Spitzengruppe der schönsten in Nordspanien und heißt willkommen in einer anderen, einer ländlichen Welt. Und das mitten in der City, lediglich wenige Gehminuten von der gotischen Prachtkathedrale entfernt.

Die Stände fahren im Überfluss auf, was das Herz begehrt. Je nach Saison erntefrische Kirschen, Birnen, Äpfel, Paprika, Tomaten, Gurken, Pfirsiche, Nektarinen. Und jederzeit getrocknete Peperoni, Honig, Kräuter, Käse, Schinken, Hartwürste. Da gerät man als Jakobspilger in Versuchung, viel mehr einzulagern, als man für die nächste Etappe braucht. Zumal die Preise sagenhaft günstig sind. Wer das Niveau mit dem von daheim vergleicht, bräuchte nur zehn Zentner Knoblauch zu kaufen – und hätte die Hälfte der Reisekosten raus …

Der Markt fungiert seit ehedem als gesellschaftlicher Open-Air-Treff für Klatsch und Tratsch. Da palavert man übers Wetter, die Nachbarn, die Politik, die neuesten Fußballergebnisse und Skandale. Die Stimmen von Marktschreiern steigen von den Low-Budget-Kleiderständen in dem Gässchen auf, das sich auf der Höhe des alten Rathauses löst und an der Kirche Sankt Martin vorbeiführt. »Vier Schlüpfer, fünf Euro«, vernimmt man. Wer etwas braucht, lädt nach. Ebenso Socken, Boxershorts, T-Shirts. Samstag ist der interessantere Tag mit mehr Ständen. Dann sieht man noch Landfrauen, die die Waren vereinzelt mit Handwaagen wiegen. Der Markt von León ist auch eine Zeitreise zwischen gestern und heute.

Adresse Plaza Mayor Constitución Española, 24003 León | **Öffnungszeiten** Betriebszeiten Mi und Sa 9–14 Uhr | **Tipp** Ländlich geht es in León überdies auf der Plaza de Santa María del Camino zu, wo das Benediktinerinnenkloster Santa María Carbajal liegt.

LEÓN

69 Das Feuchte Viertel
Im Bann der Kneipenfülle

Wem die Wortschöpfung gebührt, lässt sich nicht mehr ergründen – doch sie war zweifelsfrei genial. »Barrio Húmedo«, auf Deutsch »Feuchtes Viertel«, ist kein Schutzgebiet von Amphibien, sondern der Spitzname eines Konzentrats pulsierender Kneipentreffpunkte für Zweibeiner. Bei der Befeuchtung von innen mischt man als Pilger oder Jakobsweg-Traveller gerne mit. Was braucht es eigentlich mehr zum Glück als ein Gläschen Wein, ein Stück Bauernbrot mit Käse oder ein Häppchen Kartoffelomelette?

Das Epizentrum des »Feuchten Viertels« liegt im Herzen von León um die Plaza de San Martín, doch die erweiterten Einzugsbereiche der Kneipenfülle dehnen sich bis zur Pilgergasse La Rúa aus.

Die Freuden und Versuchungen sind überall riesengroß. Spanier auf Ausgehexpedition sind wie Nomaden. Sie beißen sich nicht an einem Platz fest, sondern ziehen immer weiter, um in unterschiedlichsten Locations das Maximum auszukosten; das kennen wir spätestens seit der Lorbeergasse in Logroño (siehe Kapitel 30). Dass in León zu Bier und Wein Häppchen kostenlos und ungefragt serviert werden können, erhöht den Anreiz. Wer opulenter tafeln will, findet Restaurants und Gasthäuser in reicher Auswahl.

Eine Besonderheit aus der Region Kastilien-León ist Rinderdörrfleisch (Cecina), das man hier unbedingt einmal probieren sollte. Dazu ein trockener Rotwein – ein Genuss. Kutteln (Callos) und Zunge (Lengua) dürften hingegen nicht jedermanns Geschmacksnerv treffen. Ansonsten sind die Gastro-Adressen breit aufgestellt. Ob mit Schinkenplatten, Kroketten, gegrillten Paprika. Ein Sättigungsgarant ist eine Portion Russischer Salat (Ensaladilla rusa) mit Kartoffeln, Ei und Mayonnaise. Exquisiter kommen eine Leberpasteten-Mousse (Mousse de foie) und ein Meeresfrüchtesalat (Salpicón de marisco) daher. Da mutiert der Jakobsweg einmal mehr zum kulinarischen Sündenpfad.

Adresse Barrio Húmedo, 24003 León | **Anfahrt** An den Rand der Altstadt fahren; die nächstgelegenen Parkhäuser sind Plaza Mayor und Santo Domingo, ab dort weiter zu Fuß. Außerhalb der City bietet sich eine Park-Alternative beim Bahnhof. | **Tipp** Wer zur Abwechslung durch die nahe Fußgängerzone bummeln möchte, findet viele Geschäfte um die Calle Ancha.

LEÓN

70 Die Casa Botines
Ein Meister namens Gaudí

Allein sitzt er dort auf einer Bank, ein älterer Mann mit Mut. Er ist voll konzentriert bei der Arbeit, hat den Blick auf einen Skizzenblock in seinen Händen gesenkt. Das hier ist – in Bronze verewigt – Jugendstilgenie Antoni Gaudí (1852–1926), der Architekt weltberühmter Bauten in Barcelona, darunter die Sühnekirche Sagrada Família. In Spaniens Norden hat er drei Werke hinterlassen, die Sitzbank liegt einem gleich gegenüber: der Casa Botines auf dem Platz San Marcelo im Herzen von León.

Es war wohl Gaudís maßgeblicher Gönner Eusebi Güell, der den Kontakt nach León herstellte, wo zwei Tuchhändler ein neues Stadtpalais brauchten. Gaudí entwarf ein mehrstöckiges Gebäude, das mit einem fast festungsartigen Gesamtbild und den eleganten Ecktürmchen auch der Bourgeoisie von Paris und Barcelona gut zu Gesicht gestanden hätte. Hier schafft es einen scharfen Kontrast zum benachbarten Renaissancepalast Guzmanes und der Kirche San Marcelo mit ihrem Backsteinturm. Erbaut wurde die Casa Botines 1892 in einer Rekordzeit von lediglich zehn Monaten. Klar definiert war die Aufteilung: unten Geschäftsräume und Lager, weiter oben die großbürgerlichen Wohnbereiche, auch zur Vermietung, sowie im Dachboden Abstellräume und ein Reich für den Hausmeister. Charakteristisch ist das Mauerwerk aus Steinquadern, in die sich symmetrisch die Fenster einfügen. Über dem Eingang wacht Georg als Drachentöter, der den Bogen spannt – passend zu Gaudís Heimatregion Katalonien; dort ist Georg der Schutzheilige. Kunstvoll sind auch die Gitter vor der Kalksteinfassade und am Hauptportal. 1929 kaufte ein Geldinstitut das Gebäude, was Umbausünden nach sich zog. 2017 ging es an eine Stiftung über, die sich dem Erhalt verschrieben und ein Museum begründet hat. Gesplittet ist es in den nachempfundenen Geschäftsbereich, eine Kunstsammlung und eine Dauerausstellung, die in den eigenen Kosmos des Antoni Gaudí vertieft.

Adresse Plaza de San Marcelo 5, 24002 León, www.casabotines.es | **Anfahrt** An den Rand der Altstadt fahren; die nächstgelegenen Parkhäuser sind Plaza Mayor und Santo Domingo. | **Öffnungszeiten** Mo 11–14 und 16–20 Uhr, Mi 16–20 Uhr, Do/Fr 11–14 und 16–20 Uhr, Sa 11–20 Uhr, So 11–14 und 16–20 Uhr | **Tipp** Etwas teurer als der freie Besuch (Visita libre), aber dafür umfangreicher ist der geführte Besuch (Visita guiada) durch die Casa Botines.

LEÓN

71 Das Gnadenportal
Ein Flug durch die Lüfte

Es gab einst Pilger, die nicht mehr weiterziehen konnten. Strapazen, Krankheiten hatten allzu sehr an der Substanz genagt. Oft lag der Tod nicht fern. Für die Erschöpften waren zwei Gnadenportale am Jakobsweg gedacht, eines in León, ein weiteres in Villafranca del Bierzo (siehe Kapitel 89). Dort konnten sie ihren Ablass bekommen, ohne Santiago de Compostela erreicht zu haben.

In León gehört das Gnadenportal (auch Ablass- oder Vergebungsportal, Puerta del Perdón) zur königlichen Stiftskirche San Isidoro, benannt nach dem heiligen Isidor von Sevilla (560–636), dessen Reliquien im Hochaltar ruhen. Das kleine, stets verschlossene Portal fügt sich rechts in die Hauptfassade und ist, wie der gesamte Bau, eine Schöpfung der Romanik. Ein Bär- und ein Löwenkopf fungieren als Türwächter; der Bär hat die Augen weit aufgerissen, den Mund offen stehen und die Zunge herausgestreckt. Etwas erhöht rechts klebt eine Skulptur von Petrus regelrecht am Stein, links jene von Paulus. Beide tragen Sandalen, was im wahren Leben in León unangebracht wäre – auf Höhen um 840 Meter kann es bitterkalt werden. Als Dekor über dem Portal und weiter oben über den Sparrenfiguren erkennen wir das Schachbrettmuster von Jaca (siehe Kapitel 61) wieder.

Das Tympanon teilt sich in drei Szenen, bei denen man zunächst glaubt, auf hinlänglich verarbeitete Motive zu stoßen. In der Mitte unter zwei Engeln schaut man auf die Kreuzabnahme. Na ja, das hat man so oder ähnlich schon öfter gesehen, ebenso rechts die drei Marien am offenen Grab des Auferstandenen. Aber links – was ist das? Zwei Männer stützen einen dritten. Welch eine wunderbare Komposition! So setzte der Künstler im Mittelalter seine Vorstellung von Christi Himmelfahrt um. Die pausbäckigen Männer sind Engel, der dritte ist Christus, der je einen nackten Fuß auf deren Knie gesetzt hat – bereit, um sich abzustoßen zum Flug durch die Lüfte.

Adresse Plaza de San Isidoro, 24003 León | Anfahrt An den Rand der Altstadt fahren; die nächstgelegenen Parkhäuser sind Plaza Mayor und Santo Domingo. | Tipp Ebenfalls zur Stiftskirche San Isidoro gehört ein Museum, in dem das mit romanischen Temperamalereien ausgeschmückte Pantheon der Könige den Höhepunkt markiert; Führungen; Schließtag gewöhnlich montags; www.museosanisidorodeleon.com.

LEÓN

72 San Marcos
Pracht in voller Breite

Diese Pracht erschlägt in voller Breite von über 100 Metern. Plateresk heißt der Stil, der am Nordwestrand der City von León die Monumentalfassade des Convento de San Marcos bestimmt. Der Begriff leitet sich von der filigranen Arbeit der Silberschmiede (Plateros) ab, hier übertragen in Großformat auf Stein. »Es stimmt, die Fassade wirkt wie aus plata, Silber, getrieben; wäre sie tausendmal kleiner, würde man an die raffinierteste orfèvrerie denken«, schwärmte der Niederländer Cees Nooteboom in seinem Buch »Der Umweg nach Santiago«.

Der Convento de San Marcos entstand im 16. Jahrhundert durch generöse Zuwendungen aus Spaniens Königshaus als Stammsitz der Jakobusritter. Der Orden hatte sich bei der Rückeroberung der Territorien aus maurischer Hand eingebracht und mit dafür gesorgt, dass die Glaubensfeinde mit dem Fall von Granada 1492 endgültig besiegt wurden.

Nichts war zu teuer bei der Ausgestaltung des Prunkbaus, beginnend bei der Fassadenfront. Pilaster. Skulpturennischen. Balkone. Rundbogenfenster. Medaillons mit biblischen und historischen Porträts. Eine verschwenderische Fülle. Hoch über den Zugang zur Kirche im Ostflügel breiten sich Reihen aus Jakobsmuschelreliefs. Über das Hauptportal sprengt Jakobus zu Pferd als Maurentöter über zerstückelte Gegner.

Längst gehen keine Ritter mehr aus und ein, sondern Gäste, die sich in dem Gebäude unter fünf Sternen betten. San Marcos ist für die Kette der Paradores-Hotels zu einer Edeladresse umfunktioniert worden. Wer etwas Abstand zur Betrachtung und Verinnerlichung des Ensembles braucht, steuert das Kreuz auf dem Freiplatz an und gesellt sich zu jenem, der dort bereits sitzt, die Sandalen ausgezogen und die Augen geschlossen hat: ein erschöpfter Jakobspilger in Bronze. Zurückkehren sollte man bei Dunkelheit; die erleuchtete Fassade strahlt ein besonderes Flair aus.

Adresse Plaza de San Marcos, 24001 León | **Anfahrt** In der Nähe von San Marcos gibt es gebührenpflichtige Straßenparkplätze – ein wenig Glück gehört dazu, um einen zu finden. | **Tipp** Eine gastronomische Spitzenversuchung ist das Restaurant im Hotel-Parador, Plaza de San Marcos 7, Tel. 0034/987/237300, www.parador.es.

LEÓN

73_Das MUSAC

Originelle Riesencollage

Es müssen nicht immer Sakralbauten in Städten am Jakobsweg sein. Statt eines großen Kirchenwurfs ist ein weltlicher manchmal nicht minder prägnant. So wie das MUSAC in León, was als Abkürzung für »Museo de Arte Contemporáneo de Castilla y León« steht, das Museum für Zeitgenössische Kunst von Kastilien-León. Bei der Eröffnung 2005 hatte man bereits jahrelang nach Bilbao geschielt, wo das Guggenheim-Museum den Wandel einer ganzen Stadt zum Touristenmagneten bewirkt hatte. In León ist der »Bilbao-Effekt« – allein wegen eines Museums an einen Ort zu reisen – letztlich ausgeblieben. Das etwas außerhalb der City gelegene MUSAC führt eher ein Schattendasein. Vielleicht fehlt es nur an Publicity, an zugkräftigen Ausstellungen.

Keine Frage, das Kunstmuseum hat Potenzial. Kaum eine Fassade im Land ist phantasiereicher gestaltet als diese. Dafür haben die Spanier Luis Moreno Mansilla (1959–2012) und Emilio Tuñón Álvarez (geboren 1959) gesorgt, gemeinschaftlich Gründer eines Architekturbüros, Träger des Nationalen Architekturpreises und Gewinner zahlreicher Wettbewerbe. 2007 wurden sie für das MUSAC mit dem Preis der Europäischen Union für zeitgenössische Architektur (Mies van der Rohe Award) bedacht und gesellten sich damit in die Reihe von Preisträgern wie Dominique Perrault und Zaha Hadid.

Das Äußere der Blockstrukturen komponierte das Architektenduo als originelle Riesencollage aus Farbrechteckfenstern. Rot greift in Grün, Grün in Violett, Violett in Hellblau, Hellblau in Dunkelblau, Dunkelblau in Orange. Insgesamt sind 37 Farbtöne vertreten, die falsche Erwartungen schüren könnten. Denn im Vergleich dazu fällt das Innere mit seinen Wechselausstellungen in funktionalen Räumlichkeiten ein wenig ab. So beschränkt man sich, je nach Interessengrad, auf den Außenrundgang und lässt die bunte Kunstwelt auf sich wirken – was einmal mehr auch bei Dunkelheit seinen Reiz hat.

Adresse Museo de Arte Contemporáneo de Castilla y León, Avenida de los Reyes Leoneses 24, 24008 León, http://musac.es | **Anfahrt** In der Nähe des Museums gibt es gebührenpflichtige Straßenparkplätze. | **Öffnungszeiten** Di–Fr 11–14 und 17–20 Uhr sowie Sa/So 11–15 und 17–21 Uhr | **Tipp** Etwa eine Viertelstunde zu Fuß vom MUSAC entfernt beginnen freundliche Flusspromenaden am Río Bernesga.

VIRGEN DEL CAMINO

74 Das moderne Heiligtum
Wo Maria zur Steinschleuder griff

Moderne Kirchen sind Ausnahmen am Jakobsweg, doch am Westrand des Beckens von León ist es in Virgen del Camino so weit. Der Ort könnte uncharmanter kaum sein. Pilger wandern auf Asphalt. Der Verkehr auf der Durchgangsstraße nervt. Inmitten der Häuserwüste taucht ein Block aus sprödem Beton auf. Liebe auf den ersten und zweiten Blick ist das nicht – aber vielleicht auf den dritten.

Virgen del Camino bedeutet »Jungfrau vom Wege« und erinnert an eine Marienerscheinung im Jahre 1505. Laut Legende war ein Hirte namens Álvar mit seiner Herde unterwegs, als die Madonna in einem Strahlenkranz auftauchte. Sie gebot ihm, nach León zum Bischof zu laufen und diesem auszurichten, man möge ihr zu Ehren hier eine Kapelle erbauen. Verunsichert fragte der Schafhüter, wie man ihm, einem einfachen Mann, Glauben schenken könne. »Der Beweis wird dieser sein«, sagte Maria, nahm Álvars Steinschleuder und schoss einen Kiesel ab, worauf ein mächtiger Fels emporstieg. Der Klerus erfüllte Marias Wunsch. In der Nachfolge des Ursprungsbaus entstand 1961 das Betonheiligtum nach Plänen des Dominikaners und Architekten Francisco Coello de Portugal y Acuña (1926–2013). Daneben ragt ein riesiges Betonkreuz auf. Beherrscht wird die Hauptfassade von Bronzeskulpturen des katalanischen Bildhauers Josep Maria Subirachs (1927–2014): Maria und die Apostel in überlängten Formen, jede sechs Meter groß. Jakobus, mit Muscheln besetzt, weist den Pilgern mit der Rechten den Weg zu seinem Grab nach Santiago de Compostela.

Im Innern fällt das Licht durch farbige Fensterluken. Das dramatische Bildnis einer Schmerzensmutter vom Beginn des 16. Jahrhunderts bricht mit der Moderne. »Mögest du durch Fürsprache der Jungfrau vom Wege eine gute Reise haben, mögen die Engel dich begleiten«, heißt es in einem Segensspruch. Das dürfte auch weniger glaubensstarken Pilgern nicht schaden.

Adresse Avenida Astorga 43, 24198 Virgen del Camino, http://virgendelcamino.dominicos.es |
Anfahrt Direkt am Heiligtum führt die Nationalstraße N-120 vorbei. | **Öffnungszeiten** normalerweise täglich 9.30–13 und 16.30–19 Uhr | **Tipp** Auf dem Jakobsweg nach Puente de Órbigo kommen Pilger und Motorisierte durch das Dorf Valverde de la Virgen, wo der Glockenturm des Kirchleins Santa Engracia mit kapitalen Storchennestern besetzt ist.

75 Die Pilgerbrücke
Wo ein amourös umnachteter Ritter kämpfte

Was passiert, wenn die Liebe schier den Verstand raubt, wenn man in einen Dauerzustand amouröser Umnachtung fällt? Ganz einfach: Man versucht, sich abzulenken und abzureagieren, indem man andere Ritter zu Duellen herausfordert. Das redete sich im Spätmittelalter ein real existenter Ritter namens Suero de Quiñones (1409–1456) ein. Amors Pfeile hatten ihn derart schwer getroffen, dass er einmal wöchentlich einen schweren Eisenring um seinen Hals legte und fastete. Um sich aus seinen sentimentalen Zwängen zu lösen, wollte er Mut und Tapferkeit beweisen und Lanzen brechen wie niemals zuvor. Königlich abgesegneter Schauplatz war im Sommer des Jahres 1434 ein Gelände neben der Flussbrücke über den Órbigo, die die beiden Dörfer Puente de Órbigo und Hospital de Órbigo miteinander verband. Die Ritterkämpfe gerieten zum Massenereignis. Suero de Quiñones fightete und fightete, bis ihn die Turnierrichter für befreit aus seiner »Gefangenschaft der Liebe« erklärten.

Die Kenntnis dieser Legende braucht es, um die Brücke anzugehen. Denn mittendrauf steht ein Monolith und erinnert an Suero de Quiñones. Daneben liegt ein Turnierfeld, das ebenfalls in Angedenken an ihn bei Schaukämpfen im Rahmen eines Mittelalterfestes Anfang Juni im Fokus steht. Unabhängig von der Irrsinnsstory ist dies eine der schönsten Brücken, die Jakobspilger passieren. Sie spannt sich in 20 Bögen über den Fluss und die angrenzenden Überflutungsgebiete. Die ältesten Bauteile stammen aus dem 13. Jahrhundert, obgleich hier bereits die Römer einen Vorläufer auf ihren Handelswegen erbaut haben sollen. Zur wärmeren Jahreszeit finden Weißstörche am Órbigo einen reich gedeckten Tisch.

Die Geschichte von Suero de Quiñones fand übrigens ein Happy End. Später heiratete er Leonor de Tovar und verriet endlich die Identität jener Dame, die ihn in den Liebeswahn getrieben hatte. Es war seine jetzige Frau.

Adresse zwischen 24286 Puente de Órbigo und 24286 Hospital de Órbigo | **Anfahrt** Ab der Nationalstraße N-120 führt ein kurzer Abstecher zur Brücke, die man entweder in Puente de Órbigo oder im Nachbardorf Hospital de Órbigo erreicht. | **Tipp** Das Mittelalterfest Anfang Juni geht mit einem bunten, historisch aufgezogenen Markt einher.

76 Das niedliche Glockenspiel
Tor in die Berge

Astorga setzt geografisch den Schlusspunkt der Hochebene und hat geschichtlich über 2.000 Jahre auf dem Buckel. Unter den Römern liefen in »Asturica Augusta« wichtige Heeresstraßen und Handelswege zusammen. Für die Bedeutung als Pilgerstation im Mittelalter sprach die Zahl von annähernd zwei Dutzend Spitälern. Schon damals fungierte Astorga als Tor in die Berge zum »Eisenkreuz«, aufs Dach des Jakobswegs in den Montes de León, eineinhalb Tagesetappen entfernt. Orientierung gibt bereits aus der Ferne die Kathedrale, die für das 11.000-Einwohner-Städtchen absolut überdimensioniert erscheint. Die Stile wirbeln von Spätgotik bis Barock durcheinander. Prächtig im Innern ist das Retabel des Renaissancebildhauers Gaspar Becerra und draußen an der Hauptfassade ein Relief der Kreuzabnahme. Die Zwillingstürme sind einheitlich – und auch wieder nicht. Die unterschiedliche Färbung des Steins von Rot- bis Graubraun erklärt sich durch die lange Baugeschichte und die Belieferung durch verschiedene Steinbrüche. Wer mag, besichtigt im Dommuseum eine Fundgrube für Sakralschätze – oder startet gleich eine intensivere Entdeckung. Der Bischofspalast von Architekt Antoni Gaudí sticht als Sonderziel über den Stadtmauern hervor (siehe nächstes Kapitel).

Die gute Stube Astorgas ist die Plaza Mayor, der Hauptplatz, an den das Rathaus stößt. Besonderheit hoch oben an dem Barockbau ist das Glockenspiel mit zwei Figürchen in der Tracht des umliegenden Landstrichs Maragatería. Dort, genau über der Rathausuhr, schrumpfen die Ansichten des monumentalen Städtchens zu Niedlichkeitsformat.

Astorga genießt einen Ruf eines guten, günstigen Einkaufspflasters. Das gilt gleichermaßen für süße Sachen (siehe Kapitel 78) wie für salzige wie Käse, Schinken und Würste. Gut garnieren lässt sich der Rundgang mit dem Stadtgarten (Jardín de la Sinagoga), wo sich einst eine Synagoge befand.

Adresse 24700 Astorga, http://turismoastorga.es | ÖPNV Der Busbahnhof (Estación de Autobuses) für Fernbusse liegt unweit der Kathedrale an der Avenida Las Murallas. | Anfahrt Die Landstraße N-120a führt hinein nach Astorga, Parken außerhalb der Altstadt ist kein Problem. | Tipp Untergebracht im einstigen Sklavengefängnis ist das Römermuseum (Museo Romano) an der Plaza de San Bartolomé 2; sonntags nachmittags und montags geschlossen.

77 Der Bischofspalast
Ein polemischer Palast ohne Kirchenfürst

Größenwahn und Geldverschwendung des Klerus sind auch in Deutschland nicht unbekannt, wenn man allein an den Höhenflug des einstigen Bischofs von Limburg und den Einbau einer frei stehenden Badewanne in sein Luxusdomizil denkt. Ein Beispiel für Unverfrorenheit in Spanien war ab 1889 der Neubau des Bischofspalastes von Astorga, nachdem der alte abgebrannt war. Den Zuschlag erhielt der Jugendstilarchitekt Antoni Gaudí (1852–1926), der »zufälligerweise« aus derselben Stadt Reus in Katalonien stammte wie der amtierende Bischof Juan Bautista Grau.

Gaudí kannte Astorga nicht aus eigener Anschauung, doch das spielte keine Rolle. Er legte sich beim Entwurf ins Zeug und lebte seine Phantasie aus. Krönungen waren die Hauskapelle, der Galaspeiseraum und ein Thronsaal für den Kirchenfürsten – abgesehen davon, dass das granitene Schachtelwerk von außen eher dem Verschnitt einer Ritterburg aus dem Mittelalter gleichen sollte. Die Bühne für Polemik war frei.

Bischof Bautista Grau verstarb 1893, ein Jahr vor der geplanten Fertigstellung. Danach kam es zwischen dem Diözesanvorstand und Gaudí zum Zerwürfnis. Wütend zog sich der aufstrebende Stararchitekt zurück und ließ sich trotz Bemühens später nicht mehr umstimmen; in Barcelona war Gaudí mit dem Fortgang der Arbeiten an der Sühnekirche Sagrada Família vollends ausgelastet. Erst 1913 wurde das Projekt in Anlehnung an die Ursprungspläne von Ricardo García Guereta fertiggestellt. Doch was zum Teufel sollten eigentlich Bischöfe in einem umstrittenen Bischofspalast …? Im Spanischen Bürgerkrieg diente er als militärischer Stützpunkt. Seit den 1960er Jahren ist ein Museum untergebracht, in dem Archäologie und Jakobswegthematik ineinandergreifen. Aus touristischer Sicht ist die wunderbar verspielte Architektur der Magnet und das Bischofspalais mittlerweile als »Gaudí-Palast« (Palacio de Gaudí) ein Begriff.

Adresse Palacio de Gaudí, Plaza Eduardo de Castro 15, 24700 Astorga, www.palaciodegaudi.es | **Anfahrt** Die Landstraße N-120a führt hinein nach Astorga, Parken außerhalb der Altstadt ist kein Problem. | **Öffnungszeiten** Mai–Sept. täglich 10–14 und 16–20 Uhr, Okt.–April täglich 10.30–14 und 16–18.30 Uhr | **Tipp** Interessant ist der kleine Palastgarten mit drei großen Engelsskulpturen.

78 Das Kalorienbabel
Hüftgoldverstärker aus Schmalz

Mein Gott, was für Verlockungen zur Völlerei, die der christlichen Tugend der Mäßigung entgegenstehen. In Astorga herrscht dahingehend Alarmstufe Rot. Seit langer Zeit pflegt man hier ein Faible für Süßes und unterfüttert die lokale Wirtschaft. Obgleich – wie in der Schweiz und in Belgien – die nächsten Kakaobohnen einige tausend Kilometer entfernt wachsen, florierte bereits ab dem 18. Jahrhundert die Schokoladenherstellung. Quellen verbürgen für das Jahr 1914 stolze 49 Produktionsstätten. Deren Zahl ist gesunken, doch anderweitige Kalorienbomben ergänzen trefflich die Angebote. Mantecadas, Polvorones, Hojaldres und einiges mehr. Alles klar? Falls nicht, eins nach dem andern.

Wer Astorga durchstreift, bleibt an appetitlich drapierten Auslagen in Konditoreien und Geschenkeshops hängen, so wie bei Alonso. Süßwaren gibt es kisten- und kartonweise, angeführt vom Schweineschmalzgebäck (Mantecadas); dessen historische Spur in Astorga lässt sich laut der örtlichen Vereinigung zur geschützten Herkunftsbezeichnung bis 1805 zurückverfolgen. Klassiker sind überdies die Schweineschmalzplätzchen (Polvorones), die zwischen den Fingern zerbröseln, und Blätterteiggebäck (Hojaldres). Hauchdünn sind die Mandelplätzchen (Tejas de almendra), würzig ist das Zimtgebäck (Bollos de canela). Puristen mögen es wie seit alters her gewohnt, doch längst werden Traditionen aufgemischt, um neue Kunden zu gewinnen. Oder alte Kunden mit Neuem zu begeistern. Wie wär's mit Schokoladentafeln ohne Zucker oder mit Minze? Oder mit Blätterteiggebäck voller Kakaomassefüllung. Eine der gewagtesten Fusionen ist Schokolade mit Rinderdörrfleisch (Chocolate con cecina).

Wer sich eine Bibelstelle aus dem Ersten Korintherbrief (10,31) herauspickt, könnte sich den Konsum in Astorga schönreden. Dort heißt es: »Möget ihr essen oder trinken oder sonst etwas tun: Tut alles zur Ehre Gottes.« Wohl bekomm's.

Adresse Alonso, Calle Los Sitios 5, 24700 Astorga | Anfahrt Die Landstraße N-120a führt hinein nach Astorga, Parken außerhalb der Altstadt ist kein Problem. | Öffnungszeiten Mo–Fr 9.30–14 und 16.30–19.30 Uhr, Sa 9.30–14 Uhr | Tipp Astorgas süße Welten thematisiert das Schokoladenmuseum (Museo del Chocolate) in der Avenida de la Estación 16; sonntags nachmittags und montags geschlossen.

79 Das rostbraune Dorf
Malerische Fotomotive und ein Eintopf

Da weiß man gar nicht, wo man anfangen soll im Rausch der Fotomotive und lauschigen Winkel. Ein Gässchen hier, ein Treppenaufgang da, ein Torbogen dort. Das Ganze eingetaucht in den dominanten Farbton Rostbraun.

Castrillo de los Polvazares ist einer der malerischsten Orte Spaniens, fünf Jakobswegkilometer hinter Astorga gelegen. Das Ensemble aus historischen Häusern katapultiert zurück durch die Zeiten. Früher verdingten sich viele Bewohner als Maultiertreiber; eine Volks- und Tierzählung aus dem 17. Jahrhundert führte 39 Treiber und 215 Mulis auf. Toreinfahrten, Innenhöfe und die Hauptstraße waren auf die Breite der Transportkarren abgestimmt. Typisch ist bis heute das unförmige Steinpflaster, das sich in die Schuhsohlen bohrt. Überall warten die nächsten Speicherkartenfüller. Bruchsteinfassaden mit Pflanzenranken. Winzige Fenster, die mit Blumentöpfen vollgestellt sind. Aufgeleinte Wäsche. Balkongitter. Ein Hund, der sich vor einer Tür rekelt. Ein kleines Christusbildnis. Die Kirche, die zur wärmeren Jahreszeit oft mit Weißstörchen besetzt ist. Postkartenidylle.

Die Floskel von der stehen gebliebenen Zeit greift indes nicht ganz in Castrillo de los Polvazares. Städter haben sich Zweitwohnsitze zugelegt. Restaurants profitieren von Stimmung und Lage. Da bekommt man Appetit auf das kulinarische Aushängeschild des hiesigen Landstrichs Maragatería: den Maragato-Eintopf (Cocido maragato). Kurios, dass er in drei Gängen serviert wird. Zuerst die herausgefischten Fleisch- und Wurststücke. Danach das Gemüse. Zum Schluss die Brühe. Warum das so ist? Das Beste zuerst, ganz einfach. Die Flüssigkeit am Ende ist am ehesten verzichtbar, heißt es. Wer eine komplette Portion Maragato-Eintopf schafft, spürt, wie sich Spannung im Hosenbund aufbaut. Da gibt man ein Königreich oder mehr für einen Absacker, am besten einen Orujo, den hochprozentigen Tresterbranntwein.

Adresse 24718 Castrillo de los Polvazares | **Anfahrt** Castrillo de los Polvazares wird von Astorga her von der Landstraße LE-142 gestreift; ein Parkplatz liegt gleich rechts in der Kurve am Ortsrand. | **Tipp** Gute Adresse, um im Dorf den Maragato-Eintopf zu kosten, ist das Restaurant Coscolo; Calle La Magdalena 1, Tel. 0034/987/691984, www.restaurantecoscolo.com.

RABANAL DEL CAMINO

80 Der alte Sammelplatz
Das vorletzte Dorf vor dem Eisenkreuz

Ein hölzerner Türsturz. Fassaden und Mauern aus Bruchstein. Rolljalousien. Blumenbalkone. Der fragile Glockenturm der Kirche Santa María. Das sind Details aus Rabanal del Camino, dem vorletzten Ort vor dem Eisenkreuz (siehe übernächstes Kapitel). Lang gestreckt zieht sich die Dorfgasse Calle Real bergauf, zunächst vorbei am einschiffigen Kirchlein San José. Über dem Portal hält der Namensgeber, der heilige Josef (San José), in einer Bildnisnische das Jesuskind in Händen, das seines nicht war. Was würde heutzutage ein Ehemann seiner Frau entgegnen, wenn diese versichert, der Heilige Geist wär's gewesen?

Schlicht und beschaulich geht es in Rabanal del Camino zu. Im 12. Jahrhundert stellte der Verfasser des Pilgersammelwerks Codex Calixtinus das Dorf als Etappenziel heraus und dankte für die Wiederherstellung des Jakobswegstückes bis ins galicische Portomarín einer Reihe von Personen, von denen er einzig die Vornamen nannte. Andrés und Rotgerio, Fortus und Alvito, Esteban und Arnaldo. Dies, so mutmaßen Historiker, könnten Mitglieder des Tempelritterordens gewesen sein, dem der Schutz des Wegs in diesen Gegenden anvertraut war. Rabanal del Camino dürfte in der Reihe der Templerniederlassungen gestanden haben, möglicherweise als Vorposten der monumentalen Burg von Ponferrada.

Seit alters her dient der Ort den Pilgern als letzter größerer Sammelplatz vor dem Aufstieg zum Eisenkreuz. In den Herbergen heißt es Kräfte sammeln vor der Gebirgspassage, die in den Zeiten von Teleskopstöcken und Smartphone-Orientierung nicht mehr dramatisch ist. Dagegen hatte der Mönch Hermann Künig van Vach 1495 in seinem Pilgerbuch geschrieben: »Hüte dich vor Rabanal, ist mein Rat.« Die Gründe blieben ungenannt. Die Anstrengungen? Wegelagerer? Das Klima? Fest steht, dass die Luft merklich dünner ist als noch in Astorga und die Kapriolen des Wetters dem Wanderer zusetzen können.

Adresse 24722 Rabanal del Camino | **Anfahrt** Zu Ortsbeginn trennen sich die Calle Real (mit dem Pilgerweg) und die Landstraße LE-142, die den Dorfkern streift; Parken kann man unweit der Kirche Santa María. | **Tipp** Ein rustikaler Klassiker für Übernachtung und Küche ist La Posada de Gaspar mitten im Dorf; Calle Real 27–29, Tel. 0034/987/631629, www.laposadadegaspar.com.

FONCEBADÓN

81 Ein Pilgerort in den Bergen
Auferstanden aus Ruinen

Seit der Jahrtausendwende hat Foncebadón beständig Wiederauferstehung gefeiert. Lange lag das letzte Dorf vor dem Eisenkreuz (siehe nächstes Kapitel) in Ruinen, bevor aus vielen, aber längst nicht allen verfallenen Gemäuern wieder Häuser wurden. Für Pilger geht es von Anfang bis Ende auf der instand gesetzten Dorfstraße aufwärts, die hinter der erneuerten Kirche zurück in die Natur führt. In seinem Buch »Auf dem Jakobsweg« skizzierte der Brasilianer Paulo Coelho die Stimmung, die er Mitte der 1980er Jahre erlebte: »Die Häuser waren solide gebaut, und es musste lange gedauert haben, bis sie einstürzten. Es war ein schöner Ort, mit Bergen im Hintergrund und einem weiten Blick über das Tal.« Coelho sinnierte darüber, was die Menschen dazu bewogen haben musste, einen solchen Ort zu verlassen.

Schön: gewiss, aber auch rau und unwirtlich auf einer Höhe von etwa 1.400 Metern. Ein Schild zu Ortsbeginn führt die erstmalige Erwähnung Foncebadóns im Jahre 946 an. Ein Einsiedler namens Gaucelmo soll ab Ende des 11. Jahrhunderts die Jakobspilger betreut haben. Später kamen zwei Spitäler hinzu. Irgendwann legte sich der Schleier des Vergessens über das Dorf.

Heute ist das Pilgerflair durch den Jakobswegboom zurückgekehrt. An der Dorfstraße reihen sich Herbergen und Einkehrmöglichkeiten auf. Ein paar Blechdosen und ausrangierte Wanderschuhe sind vor einem Haus zu Blumentöpfen umfunktioniert worden. Ein Kneipenschild wirbt mit einem Mojito-Cocktail für fünf Euro, unterlegt von poppigen Klängen über Lautsprecher. Will man das wirklich unterwegs? Fühlt man sich nicht herausgerissen aus dem von Innehalten und Selbstreflexion bestimmten Pilgergefühl? Spricht man damit Zielgruppen an, die sich vielleicht gar nicht mit dem Kern des Pilgerns identifizieren? Andererseits könnten selbst Lifestyle-Pilger in Zukunft viel geerdeter durchs Leben gehen.

Adresse 24722 Foncebadón | **Anfahrt** Die Landstraße LE-142 führt um Foncebadón herum und weiter zum Eisenkreuz; die Dorfstraße selber endet hinter der Kirche als Sackgasse, also nicht hinauffahren. | **Tipp** Motorisierte können zu Dorfbeginn parken und die Wanderschuhe schnüren; hinauf bis zum Eisenkreuz ist es knapp eine halbe Stunde Marsch auf dem Jakobsweg. Im Frühjahr säumen phantastische Blütenmeere das Wegstück.

CRUZ DE FERRO

82 Das Dach des Jakobswegs
Besinnlicher Halt

Der Name Cruz de Ferro verheißt in der Pilgerbewegung irgendwie Großes, doch eigentlich ist das Objekt selber ganz klein. Das eigentliche Eisenkreuz steckt auf einem meterhohen, abgerindeten Baumstamm, der in einem aufgeschütteten Erd- und Steinhügel verankert ist. Jeder Pilger hält ehrfürchtig inne und legt einen Stein dazu, genauer: einen Sünden- oder Sorgenstein. Damit befreit man sich symbolisch von Lasten und zieht erleichtert weiter. Manche haben den Stein aus der Heimat mitgebracht und beschriftet, entweder mit dem eigenen Namen oder einem anderen, der ihnen wichtig ist. Nicht selten sind es verstorbene Angehörige oder Freunde, denen man damit die Ehre erweist, die in Gedanken auf dem Weg begleiten. Dass in der Einsamkeit Tränen fließen, versteht sich von selbst. Man horcht in sich hinein, meditiert ein wenig, vergisst die Zeit.

In der Gebirgswelt der Montes de León markiert das Eisenkreuz das Dach des Jakobswegs, 1.504 Meter. Erde und Himmel berühren sich auf besondere Weise. Höher geht es auf dem klassischen Jakobsweg nicht hinauf. Gelegentlich zerreißt Motorenlärm die Stille, denn das Eisenkreuz liegt gleich an der Bergstraße.

Die Steinablage geht auf ein heidnisches Ritual zurück. Viele Ankömmlinge steigen auf zum Kreuzstamm, lassen aber nicht nur Steine zurück. Sie legen Bitt- und Dankeszettel nieder, selbstgefertigte Gebinde aus Bergblumen, Fotos, Schalen der Jakobsmuschel, Rosenkränze, bunte Erinnerungsbändchen. Fern von Respekt für Nachfolger sind durchlöcherte Socken, verschwitzte T-Shirts, ausgemusterte Wanderschuhe. Bei Säuberungsaktionen werden jedwede Hinterlassenschaften entfernt.

Wer etwas länger bleiben möchte, findet Platz neben einer Kapelle oder auf Steinbänkchen in einem halb offenen Schutzbau. Das Cruz de Ferro ist eine ergreifende Station, die bei jedem, der sich darauf einlässt, lange nachwirkt.

Adresse Cruz de Ferro bei 24722 Santa Colomba de Somoza | **Anfahrt** Die Landstraße LE-142 leitet hinter Foncebadón automatisch zum Eisenkreuz; es gibt einen großen, unasphaltierten Parkplatz. | **Tipp** Picknicktische auf der anderen Straßenseite vom Eisenkreuz laden zur Rast ein.

83 Das Geisterdorf
9.453 Kilometer bis Machu Picchu

Wie mag es einst gewesen sein, als hinter den Mauern der Häuser gelebt, geliebt, gekocht, gegessen, getrunken, gesprochen, geschlafen, getrauert wurde? Heute liegt Manjarín fast gänzlich verlassen da, ein Geisterdorf im Gebirge. Mitten hindurch zieht sich das Sträßchen, das sich mit dem Jakobsweg deckt.

Die Pilger wandern auf Asphalt voran. Beidseits liegen Hausruinen, von hüfthohen Resten bis zu übermannsgroßen Wänden. Dazwischen haben sich Büsche, Gräser und Bäume ihre Territorien zurückerobert. Farne sprießen hervor, Brombeerranken, Unkraut. Irgendwer hat die gelben Jakobswegpfeile auf die Steine gepinselt. Auch ein blau-gelbes Schild mit der stilisierten Jakobsmuschel weist den Weg, der definitiv nicht zu verfehlen ist. Im Hintergrund schweifen die Blicke über Bergrücken, die sich um die 2.000 Meter hoch aufbuckeln.

Gleich hinter dem Dorfeingangsschild ragt aus einem Steinpodest an der Straße ein weißes Kreuz, wo Pilger, wie am Cruz de Ferro, Steine ablegen. Hier sind sie eher als Zeichen des Hier-gewesen-Seins zu interpretieren.

Dem spanischen Jakobswegforscher Millán Bravo Lozano zufolge soll es im 16. Jahrhundert in Manjarín ein Pilgerhospiz gegeben haben. In der Nachfolge der Versorgungstradition entstand eine archaische Pilgerherberge, die sich hinter der einzigen Kurve im Dorf erhebt, aber bei Redaktionsschluss geschlossen war. Davor geben kuriose Wegweiser die Entfernungen zu bekannten Orten an: bis Rom 2.475 Kilometer, bis Jerusalem und Trondheim jeweils 5.000 Kilometer, bis Machu Picchu in den peruanischen Anden 9.453 Kilometer. Die Holzschilder sind schöne Fotomotive für jedermann.

Kurz hinter Manjarín werden Pilger aufs Neue von der Natur geschluckt. Der staubig-steinige Pfad führt weiter, vorbei an Heidekraut, Felsblöcken, Rinderweiden. Blickbegleiter bleibt die grandiose, menschenleere Bergwelt.

Adresse 24722 Manjarín | **Anfahrt** Die Landstraße LE-142 verläuft mitten durch Manjarín. | **Tipp** Taxifahrer bieten erschöpften Pilgern ihre Dienste an, indem sie an der Strecke ihre Aufkleber an Holzpfosten hinterlassen – und das wiederum sind ungewöhnliche Fotomotive für alle.

84 Entlang an Holzbalkonen
Kleine Augenblicke des Glücks

Die Betrachtung von Schönheit kann mit gewissen Strapazen verbunden sein. Im Falle des Dorfes El Acebo de San Miguel steht für Pilger erst einmal der gelenkschmerzende Abstieg durch die Berge an, während sich Motorisierte in einer zähen Kurvenpraxis üben können. Das letzte Teilstück des Pilgerpfads führt steil hinab in den Ort, dann entspannt sich die Lage.

El Acebo de San Miguel – Kurzform: El Acebo – ist eine der bezauberndsten Dorfperlen am Jakobsweg. Eine Gassenschneise führt von Anfang bis Ende leicht hinab. Pilger und Fahrzeuge teilen sich dieses Nadelöhr, dessen überwiegender Teil über Tag im Schatten liegt. Dicht drängen schiefergedeckte Häuser mit ihren Bruchsteinfassaden heran. Ebenso kunstvoll wie die Holzbalkone sind die Fenstergitter. Einige Balkone sind zur wärmeren Jahreszeit mit Blumentöpfen überladen. Hoch über der Gasse baumeln Kabel. Die Sicherheitsmängel von Treppenaufgängen ohne Geländer sind noch nicht bis zu den Eurokraten in Brüssel durchgedrungen. Dort macht man sich lieber Gedanken über die Krümmungsgrade von Gurken und die Füllmengen von Kondomen.

Unglaublich, dass die Zeiten, in denen sich Reisebusse durch El Acebo zwängten, noch nicht allzu lange her sind. Das ist heute verboten. Zwei Autos schaffen es nicht gleichzeitig aneinander vorbei. Die gelegentlichen Rückwärtsgang- und Ausweichmanöver lassen Pilger kalt. 52 Bewohner weist die letzte Volkszählung in El Acebo aus. Gegen Ende des Dorfes taucht eine moderne Hausbausünde auf, vereinzelt prangt ein Schild »Zu verkaufen« an einer Fassade. Doch wer würde in dieses 1.150 Meter hoch gelegene Bergdorf ziehen wollen? Im Winter kann es bitterkalt werden. Der Boden ist schwer bestellbar. Die Infrastruktur beschränkt sich auf wenige Cafés und Kneipen. Für Ortsfremde zählen die Momentaufnahmen, die kleinen Augenblicke des Glücks – und das sind viele in El Acebo.

Adresse 24413 El Acebo de San Miguel | **Anfahrt** Die Landstraße durch den Ort trägt weiterhin die Nummer LE-142. Parken kann man innerorts nicht, erst am äußersten Dorfende beim Friedhof. | **Tipp** Eine gute Adresse für die Einkehr ist das rustikale Mesón El Acebo in der Ortsmitte.

85 Ein Memorial
Tod auf dem Jakobsweg

Man könnte es für ein gewöhnliches Metallkunstwerk halten, das sich am Ortsende von El Acebo de San Miguel auf einem Steinblock zwischen der Straße und dem Friedhof erhebt: ein Fahrrad mit erhobenem Vorderreifen, verbunden mit einer vertikalen Stange, die von einem stilisierten Pilgerhut mit dem Emblem der Jakobsmuschel gekrönt wird. Erst bei näherem Hinsehen zeigt sich, dass es sich um ein Memorial für einen Verstorbenen handelt. »Heinrich Krause Pilger«, steht auf einer Tafel darunter, begleitet vom Datum, dem 13. August 1987.

Der Tod auf dem Jakobsweg ist so alt wie das Pilgerwesen selbst. Strapazen und Krankheiten rafften viele Wallfahrer im Mittelalter dahin. Hinzu kamen Attacken wilder Tiere, Wegelagerer, Verfehlungen des Pfades in Nebel und Schnee. Der Engländer Andrew Boorde (um 1490–1549) berichtete vom Tod seiner Gefährten, die gedankenlos Obst und Wasser zu sich genommen hatten. Die letzte Ruhe fanden die Menschen in Totenkapellen, auf klösterlichen Friedhöfen, in anonymen Massengräbern wie in Roncesvalles (siehe Kapitel 2). In seltenen Fällen ist eine Pilgerschaft selbst heute noch eine Reise ohne Wiederkehr. So starb der betagte philippinische Pilger Tomás Gómez 2021 auf natürliche Weise in einer Herberge in Arzúa, während die US-Amerikanerin Denise Pikka 2015 hinter Astorga einem Raubmord zum Opfer fiel; der Täter wurde zum Glück gefasst. Bereits zwischen Manjarín und El Acebo hat man am Pilgerpfad eine winzige Gedenkstätte für den britischen Schüler Michael Cura (1999–2016) gesehen, der auf dem Jakobsweg verstarb. Eine kleine Platte liegt auf einem Bett aus Steinen. Wer innehält und die gleichnishafte Inschrift liest, fühlt einen Stich ins Herz: »Das Boot ist sicherer, wenn es im Hafen ankert; doch das ist nicht das Ziel von Booten.« Die Memorials vor und in El Acebo de San Miguel rütteln auf und stoßen an: Genieße die Tage des Lebens, jeden einzelnen.

Adresse 24413 El Acebo de San Miguel | **Anfahrt** Die Landstraße durch den Ort trägt die Nummer LE-142; beim Friedhof kann man parken. | **Tipp** Der nächste sehenswerte Pilgerort ist Molinaseca, wo eine alte Brücke über den Río Meruelo führt; in Molinaseca endet für Pilger der Abstieg aus der Bergwelt.

PONFERRADA

86 Die Zinnen über dem Sil
Eine Ritterburg wie aus dem Bilderbuch

Wer sich eine Ritterburg wie aus dem Bilderbuch vorstellt, mit wuchtigen Wehrmauern, zylindrischen Türmen, Gängen, Zinnen, Treppen und Winkeln – in Ponferrada gibt es sie in echt. Sie ist das Wahrzeichen der 65.000-Einwohner-Stadt, in der die Flüsse Sil und Boeza zusammenfinden. Nur die Ritter sind lange verschwunden, genauer: die Tempelritter, die maßgeblichen Erbauer. Allzu lange Freude hatten sie an ihrem monumentalen Werk nicht. Baubeginn war 1178, Arbeitsende 1282. Drei Jahrzehnte darauf, 1312, wurde der mächtige Ritterorden unter Papst Clemens V. zerschlagen.

Über dem Einschnitt des Sil wächst die Burg der Templer (Castillo de los Templarios) regelrecht aus den Felsen. Strukturiert als unregelmäßiges Fünfeck, nimmt das Areal respektable 8.000 Quadratmeter ein. Als Zentralpunkt fungierte der sogenannte Waffenhof. Historische Vorläufer waren Befestigungsanlagen der Kelten und Römer. Nach der Auflösung des Templerordens wechselte die Burg mehrfach ihre Besitzer, verschaffte Privatleuten Nachschub an kostenlosem Baumaterial und fiel in einen ruinösen Zustand. Umfangreiche Restaurierungsmaßnahmen haben dem Kastell neues Leben eingehaucht. Es steht unter Denkmalschutz und hängt am Tropf öffentlicher Gelder. Immer wieder sind Finanzspritzen nötig.

Eine Rampe führt von der Straße auf die Anlage zu. Hinein muss man – Hand aufs Herz – nicht unbedingt. In Außenansicht kommt es einem falschen Versprechen gleich. Das Innere fällt dagegen ab; das reißt auch die Dauerausstellung »Templum Libri« mit Faksimiles alter Handschriftenbücher nicht raus. Eine Wucht ist und bleibt der Steinmauermantel, der abends in warmem Licht erstrahlt. Spätestens dann ist es an der Zeit, mit Ponferrada Versöhnung zu feiern und seine Ansichten zu korrigieren. Denn zunächst hat man den Eindruck, die Stadt bestünde einzig aus einem Häuserblockmeer.

Adresse Castillo de los Templarios, Avenida del Castillo, 24401 Ponferrada, http://castillodelostemplarios.com | **ÖPNV** Der Busbahnhof (Estación de Autobuses) für Fernbusse liegt in der Avenida de la Libertad 15. | **Anfahrt** Nach Ponferrada hinein führt die Landstraße LE-142. | **Öffnungszeiten** abhängig von den Jahreszeiten und der Helligkeit; Basiszeiten sind täglich 10–14 und 16–18, im Hochsommer mitunter bis 21 Uhr | **Tipp** Die kleine, nette Altstadt mit der Basílica de la Encina und dem Rathausplatz.

87 Ein buntes Ortsmosaik
Fettgebackene Churros und moderne Kirchenfenster

Manchmal kann Mittelmaß ein interessantes Maß der Dinge sein. Bauten von Rang? Fehlanzeige. Eine Altstadt? Kaum der Rede wert. Und doch hat Cacabelos seine Reize, Mosaiksteine, die sich zu einem Ganzen zusammenfügen. Das beginnt am Pilgerweg durch den Ort mit dem Kirchlein San Roque, das unter dem Schutz des heiligen Rochus steht und im Innern als Sakralmuseum aufbereitet ist.

Seit dem Mittelalter ist für Pilger und Nichtpilger die Calle de Santa María die relevanteste Dorfstraße, von der Gassen und Gässchen abstehen wie Fischgräten. Eine davon ist die Calle Calexa Sixtina, wo sich als großformatige Street-Art auf einer Hauswand ein Jakobspilger samt Schäferhund niedergelassen hat. Fenster- und Balkongitter säumen den Weg, der frei von Durchgangsverkehr verläuft. In der Auslage einer Bäckerei liegen rustikale Kloben. Seit dem letzten Etappenort Camponaraya haben Rebgärten am Jakobsweg einen Vorgeschmack auf die Einkehr in Cacabelos gegeben. Die Rotweine aus dem hiesigen Landstrich El Bierzo sind ehrlich und erdig. Doch ein Kaffee in der Calle de Santa María tut's auch. Im Café El Molino ist es für Wirt Abel Ares selbstverständlich, am Morgen fettgebackene Churros, eine landesweite Spezialität, kostenlos zum Heißgetränk zu servieren. Das nennt man gute alte Gastfreundschaft in Spanien. Dafür minimiert er gerne die Gewinnspanne.

Wichtigstes Bauwerk ist die Kirche Santa María, die von außen mit ihrem neoromanischen Turm nichts hermacht. Doch im Innern warten einige Schätze, darunter eine Schmerzensmutter, das Relief eines letzten Abendmahls, der Gekreuzigte vor der Steinwand hinter dem Altar und eine Christusskulptur mit wallendem Haar und einer Dornenkrone, Heiligenskulpturen auf Podesten. Das Licht bricht sich in modernen Glasfenstern. Ein Zauber aus Grün, Gelb, Blau, Orange.

Der Aufbruch naht. Adiós Cacabelos. Die Pilger ziehen über den Río Cua weiter.

Adresse 24540 Cacabelos | **Anfahrt** Die Landstraße LE-713 führt abseits vom Jakobsweg durch Cacabelos und vereint sich mit dem Pilgerweg auf der Flussbrücke. | **Tipp** In der Kirche Santa María findet man hinter dem Eingangsbereich gewöhnlich einen Stempel, um den Pilgerpass in Selbstbedienung zu stempeln – was auch für Nichtpilger auf einem Blatt Papier eine Erinnerung ist.

88 Quinta Angustia
Wo Jesus und Antonius zocken

Vorab ein offenes Wort, um Enttäuschungen vorzubeugen. Das Heiligtum Quinta Angustia, das eines der herrlichsten Kuriosa an der Pilgerroute birgt, hat aus Gründen von Personalmangel fast immer geschlossen; dahingehend teilt es sein Schicksal mit anderen Kirchenstationen am Jakobsweg. Besucher können nur auf Glück und eine zeitliche Punktlandung hoffen. Die besten Aussichten sind die Sonntagvormittage zur wärmeren Jahreszeit, vor oder nach einer Messe – aber ohne Gewähr. Das Heiligtum liegt am Ortsausgang von Cacabelos gleich am Pilgerweg, der hier an der Landstraße verläuft.

Der Name Quinta Angustia bedeutet »Fünfter Schmerz«; gemeint ist der fünfte der sieben Schmerzen Mariens, also das Ausharren unter dem Kreuz ihres gerichteten Sohnes.

Das Sanktuarium datiert aus dem 18. Jahrhundert. Die Kirchenstruktur, die Ausgestaltung mit einem Bildnis der Schmerzensmutter – das ist nichts, was man nicht schon andernorts gesehen hätte. Doch vorne links entdeckt man ein polychromiertes Basrelief aus Holz, auf dem das Jesuskind mit Antonius von Padua Karten spielt. Das Kind, etwas erhöht auf einem Podest, reicht Antonius, der seinen Franziskanerhabit trägt, mit der linken Hand einen Kartensatz. Oben liegt die goldene Fünf, während Jesus in der Rechten weitere Karten zurückhält, zuoberst eine mit dem Aufdruck vier rotbrauner Kelche. Das lässt Spielraum für Interpretationen, an die sich der spanische Schriftsteller Fernando Sánchez Dragó wagte. Er führte die Ansicht von »gegensätzlichen Karten im Tarot« ins Feld und schrieb: »Die Kelche weisen auf die berauschende Substanz der Leidenschaften und das Gold auf das edle Metall der nicht rostenden Weisheit.«

Die wahre Symbolik und die Hintergründe verlieren sich ebenso im Dunkel der Geschichte wie der Name des Künstlers, das Fertigungsjahr, der Fertigungsort. Unumstößlich steht fest: Dieses Werk ist ein Unikat.

Adresse Santuario de Quinta Angustia, Plaza El Santuario, 24540 Cacabelos | **Anfahrt** An der Landstraße LE-713; am besten, man parkt in Cacabelos gleich links hinter der Flussbrücke. | **Öffnungszeiten** am ehesten So zur wärmeren Jahreszeit vor oder nach einer Messe – aber ohne Gewähr | **Tipp** Neben der nahen Flussbrücke über den Río Cua kann man am sogenannten »Flussstrand« (Playa Fluvial) abseits vom Verkehr eine Rast einlegen.

VILLAFRANCA DEL BIERZO

89 Das Oberdorf
Drei Könige übereinander und ein Friedhof

Kaum hat man die Eindrücke von den Weingärten des Landstrichs El Bierzo seit Cacabelos verdaut, tischt der Pilgerort Villafranca del Bierzo einen Doppelschlag im Oberdorf auf: die Jakobuskirche und den Friedhof.

Spätestens seit dem Gnadenportal der Stiftskirche San Isidoro in León (siehe Kapitel 71) wissen wir, dass Pilger, die aus Krankheits- oder Unfallgründen ihr Unternehmen abbrechen mussten, frühzeitig den Ablass erhalten konnten. In Villafranca del Bierzo gab es die zweite und letzte Möglichkeit am Vergebungsportal (Puerta del Perdón) der Jakobuskirche. Das romanische Gotteshaus erhebt sich über dem Ort und dem Pilgerweg; sehenswert sind die ältesten Bauteile im Apsisbereich. Verschlossen an der Seite ist das Vergebungsportal, auf dem zwei Kapitelle die Geschichte der Heiligen Drei Könige erzählen. Auf einem liegen sie – aus Platzmangel angesichts der begrenzten Arbeitsfläche – waagerecht übereinander, während von oben ein Engel heranschwebt und ihnen im Schlaf zuzuflüstern scheint: »Hey, Leute, brecht endlich mal auf.« Auf dem Kapitell links daneben sind sie auf ihren Reittieren unterwegs, um dem Jesuskind die Ehre zu erweisen.

Das einschiffige, hallenartige Innere der Jakobuskirche ist stark restauriert und der Namensgeber vorne als Skulptur präsent. Hinter dem Gotteshaus schließt sich der Friedhof an. Außergewöhnlich sind die schmiedeeisernen Arbeiten. Da sieht man kunstvolle Kreuze, Christusbildnisse en miniature, Umfassungsgitter. Der Respekt gebietet es, vorsichtig zwischen den Grabreihen umherzustreifen. Friedhöfe, das wird in Villafranca del Bierzo aufs Neue klar, dienen nicht nur als Orte von Trauer und Abschied, als abgeschottete Plätze der Andacht. Sie sind Spiegelbilder der Gesellschaft und deren Hierarchien. Die Lage der Gräber in der Höhe ist privilegiert, die Ruhe und die Aussicht ins Grün der Berge für die Lebenden phantastisch.

Adresse 24500 Villafranca del Bierzo, www.villafrancadelbierzo.org | **Anfahrt** Ein Abzweig ab der Nationalstraße N-VI bindet ans Oberdorf von Villafranca del Bierzo an. | **Tipp** Etwas unterhalb der Jakobuskirche erhebt sich das wuchtige Renaissance-Kastell der Markgrafen – ein schönes Fotomotiv, aber in Privathand und für Besucher nicht betretbar.

90 Das Unterdorf
Friedensoase mit Rosen

Einfach den gelben Pfeilen nach, wie immer. So geht es in Villafranca del Bierzo für Pilger durch die Gassen abwärts vom Ober- ins Unterdorf, das sich mit dem weiten, freundlichen Rathausplatz und einem Konzentrat aus Einkehrgelegenheiten öffnet. Die Drinks in Cafés und Kneipen sind erfahrungsgemäß gut und günstig. Ein kurzer Weg führt zur Kirche San Francisco, die Überbleibsel eines Franziskanerklosters ist; eine Gründung durch Franz von Assisi persönlich dürfte ins Reich der Legende fallen.

Über den denkmalgeschützten Kern des 4.000-Einwohner-Ortes verteilen sich weitere Sakralbauten: die Jesuitengründung San Nicolás el Real und La Colegiata, eine Stiftskirche, die über den Resten eines Cluniazenserklosters erbaut wurde. König Alfons VI. (1037–1109) hatte den Orden in die Gegend geholt und ihm die Pilgerversorgung anvertraut.

Krönendes Ziel im Unterdorf ist die Alameda, eine Parkanlage im französischen Stil des ausgehenden 19. Jahrhunderts. Hier kann man sich eine Auszeit in einem romantischen Winkel nehmen. Hier lässt sich zwischen Blumenbeeten und beschnittenem Buchs wunderbar durch diese grüne Friedensoase flanieren – die allerdings nicht allzu groß ist. Den Boden zieren Einlegearbeiten mit Löwen und Burgen, den Erkennungszeichen der hiesigen Region Kastilien-León, die sich am Jakobsweg in Kürze von Galicien abgelöst sieht. Der Brunnen namens La Chata stammt aus dem nahen Kloster Santa María de Carracedo.

Unter den Blumen stechen die Rosen hervor, Symbole der Liebe, der Lebensfreude, des Glücks. Die Parkstimmung animiert Pilger, tief ein- und auszuatmen, die Ruhe in sich aufzusaugen, die Momente der Entspannung zu genießen. Denn hinter dem Ort und zehrenden Kilometern durch das Flusstal des Río Valcarce folgt aufs Neue ein Härtetest: der Aufstieg in die Berge nach O Cebreiro, das knapp 800 Meter höher liegt als Villafranca del Bierzo.

Adresse 24500 Villafranca del Bierzo | **Anfahrt** In einer weiten Schleife ab der Nationalstraße N-VI ist es möglich, ans Unterdorf von Villafranca del Bierzo anzubinden und nahe der Alameda zu parken; durch die Altstadt ist vom Oberdorf her auf direktem Weg kein Durchkommen. | **Tipp** Gepflegte Unterkunft in Villafranca del Bierzo gibt das Parador-Hotel, das in einem modernen Mantel steckt; Avenida Calvo Sotelo 28, Tel. 0034/987/540175, www.parador.es; über Winter geschlossen.

O CEBREIRO

91 Die Bronzeschautafel
Das weite Netz der Jakobswege

Es gibt diese eine, immer wiederkehrende Frage: Wo genau beginnt der Jakobsweg? Die Antwort lautet: in einem selbst. Im Mittelalter zog man vom eigenen Weiler, dem Gehöft los, bis vielbegangenere Wege auftauchten – die irgendwann irgendwie nach Santiago de Compostela leiteten.

Im Bergdorf O Cebreiro, dem Tor nach Galicien, führt eine Bronzeschautafel in stilisierter Form die Jakobswegeverläufe durch Europa vor Augen; sie liegt am Ortsrandparkplatz auf einer Verkehrsinsel. Lübeck, Berlin, Paderborn, München, Tübingen. Das sind aus Deutschland einige der Stationen auf der Schautafel, doch das Netz spannt sich weiter: im Osten bis nach Warschau und Budapest, im Norden bis Dänemark und Schweden, in England bis Bristol, im italienischen Stiefel bis Bari und Brindisi. Im Laufe des Mittelalters kristallisierten sich unterschiedliche Hauptrouten heraus, abhängig von Versorgungsstationen, Heiligtümern, bereits vorhandenen Wegstrecken.

Im maßgeblichen Durchzugsland Frankreich verliefen die historischen Achsen der Via Turonensis, Via Podiensis, Via Lemovicensis und Via Tolosana. Die Via Turonensis, abgeleitet von der Stadt Tours, kanalisierte die Pilgerströme aus Nord- und Mitteleuropa in den Südwesten Frankreichs. Für viele Pilger aus Österreich und der Schweiz war die Via Podiensis maßgeblich, benannt nach Le Puy-en-Velay in der Auvergne. Der Weg ab Vézelay und durch das Limousin war als Via Lemovicensis für jene Pilger von Belang, die aus Gegenden wie Lothringen und der Champagne hinzustießen. Italiener und andere Bewohner des Mittelmeerraums waren auf der Via Tolosana unterwegs, benannt nach dem Knotenpunkt Toulouse, auf der sich Wallfahrer in entgegengesetzter Richtung nach Rom begeben konnten.

Die Bergbarriere der Pyrenäen hinüber nach Spanien passierten die meisten Pilger hinter Ostabat und Saint-Jean-Pied-de-Port. Daran hat sich bis heute nichts geändert.

Adresse Verkehrsinsel am Ortsrandparkplatz, 27671 O Cebreiro | **Anfahrt** O Cebreiro liegt an der Landstraße LU-633, die man vom Autobahnabzweig ab der A-6/N-VI über Pedrafita do Cebreiro erreicht; Parkplatz am Dorfrand gleich bei der im Text genannten Bronzeschautafel. | **Tipp** Gleichermaßen interessant ist die Rückseite der Tafel, die einen Dudelsackspieler vor der Dorfansicht von O Cebreiro zeigt. Darunter steht eine kurze Geschichte auch auf Deutsch: »Ein deutscher Pilger, der sich im nebelverhüllten Tal des Valcarce verirrt hatte, hält inne und hört von weit oben kommend den Klang einer Dudelsackmelodie. Es war ein ›Alala‹, das hier ein Schäfer spielte. Jener geheimnisvolle Klang brachte den Pilger bis zum Heiligen Gral.« (siehe nächstes Kapitel)

O CEBREIRO

92 Der Wunderschrein
Als Blut auf das Altartuch schäumte

In feinstem Samtrot ist er vorne rechts über einem Seitenaltar ausgekleidet. Hinter Schutzglas ruht eine Patene auf einem Kelch, der seinerseits auf einem Minipodest steht. Die Rede ist vom Schrein des Wunders in der präromanischen Dorfkirche von O Cebreiro, deren Ursprung im 9. Jahrhundert wurzelt. Um die Bedeutung des Schreins zu verstehen, muss man eine Legende aus dem Spätmittelalter heranziehen. Die Hauptrollen spielten ein glaubensstarker Bauer und ein glaubensschwacher Mönch.

Die Überlieferung begann mit Schneestürmen in der Bergwelt, die um den 1.300-Meter-Pass von O Cebreiro im Winter bis heute toben können. Ein betagter, frommer Bauer trotzte Wind und Wetter. Nichts konnte ihn bremsen, um aus den Tiefen eines Tals zur Kirche aufzusteigen und die Messe zu hören. Drinnen stellte er fest, dass er der einzige Gast im Haus des Herrn war. Ein junger Mönch zelebrierte die Messe, die er für einen einzigen Anwesenden als unnütze Pflicht ansah. Innerlich mokierte er sich über den Alten, der wohl nur gekommen war, um ein Stückchen Brot und einen Schluck Wein zu bekommen. Die göttliche Lektion ließ nicht auf sich warten. Der zweifelnde Geistliche erstarrte vor Schreck, als sich die Hostie auf der Patene in rohes Fleisch verwandelte und der Wein im Kelch in Blut, das überschäumte und das Altartuch durchtränkte. Der Schrein hält das Mirakel in Erinnerung. Allzu weit hergeholt ist allerdings eine Verbindung zum Heiligen Gral; der Kelch kam beim Letzten Abendmahl Christi gewiss nicht zum Einsatz. Das Gefäß ziert das Wappen der Region Galicien.

Die Kirche von O Cebreiro ist gleichzeitig ein Marienheiligtum, dessen Zauber man sich nicht entziehen kann. Die Baustruktur ist gedrungen, archaisch und das Licht gedämpft. Immer wieder treten erschöpfte Pilger nach ihrem langen Aufstieg ein, entzünden Kerzen, nehmen auf den Holzbänken Platz, lassen in tiefer Ergriffenheit die Aura auf sich wirken.

Adresse Santuario Santa María a Real do Cebreiro, Rúa Cebreiro, 27671 O Cebreiro | **Anfahrt** Weit weg vom Verlauf des Fußpfads für Pilger nehmen Motorisierte die A-6/N-VI und in Pedrafita do Cebreiro den Abzweig auf der Landstraße LU-633 bis O Cebreiro. Die beste Parkmöglichkeit ist jene bei der im Kapitel 91 genannten Schautafel. | **Öffnungszeiten** über Tag gewöhnlich durchgehend | **Tipp** Auf dem Kirchenvorplatz erinnern Tafeln und ein kleines Monument an den örtlichen Pfarrer Elías Valiña Sampedro (1929–1989), einen der maßgeblichen Impulsgeber bei der Wiederentdeckung des Jakobswegs; er liegt im Innern der Kirche begraben.

93 Die Pallozas
So lebten die alten Kelten

Erst 160 Pilgerkilometer vor dem Ziel Santiago de Compostela, nämlich hier im Bergdorf O Cebreiro, tauchen die ungewöhnlichsten Häuser am Jakobsweg auf: Pallozas. Die Bauten sind wiederhergestellt und herausgeputzt, um zu demonstrieren, wie die alten Kelten lange vor Beginn der Wallfahrtsbewegung lebten. Auf die keltischen Vorfahren soll übrigens der Dudelsack (Gaita) zurückgehen, der in Galicien oft erklingt – das wird man mit an Sicherheit grenzender Wahrscheinlichkeit irgendwo in Santiago de Compostela hören.

Pallozas hatten eine runde oder ovale Struktur, bestanden aus massigen Bruchsteinwänden und waren reetgedeckt. Wohnen möchte man nach heutigen Komfortansprüchen nicht darin. Türen und Fenster waren möglichst klein gehalten, damit so wenig Gebirgskälte wie möglich hineinkriechen konnte. Der Bau, die Neudeckung der Dächer, die Ausbesserungen erfolgten stets in Gemeinschaftsarbeit der Bewohner.

Die Pallozas fügen sich trefflich ins Ortsbild, das sich auf wenige Längs- und Quergassen beschränkt. Beschaulich- und Betriebsamkeit greifen in O Cebreiro ineinander. Der Wallfahrtskommerz blüht. Für Busreisegruppen ist hier eine Pflichtstation. Auf dem Plätzchen bei der Kirche ist eine Palloza als Souvenirshop zweckentfremdet worden, wo Pilgernippes auf einen einstürzt. Eine andere Palloza fungiert als volkskundliches Minimuseum. Tritt man hinein und blendet die Beleuchtung aus, kann man sich ausmalen, dass die Familien fast ihr ganzes Dasein im Dunkel oder Halbdunkel verbrachten. Interessant sind die Steinschichtwerke der Wände und die Balkenstrukturen, die das Dach stützen. Im leidlich lüftbaren Innern dürfte ein strenges Odeur geherrscht haben. Schließlich gab es in einer Palloza auch Platz für das Vieh, das Wärme abstrahlte. Im Vergleich zu den animalisch-humanen Ausdünstungen war der Feuerrauch gewiss eine Wohltat.

Adresse 27671 O Cebreiro | Anfahrt O Cebreiro liegt an der Landstraße LU-633, die man vom Autobahnabzweig ab der A-6/N-VI über Pedrafita do Cebreiro erreicht; Parkplatz am Dorfrand bei der Bronzeschautafel (siehe Kapitel 91). | Öffnungszeiten volkskundliches Museum (Conjunto Etnográfico) in einer Palloza unweit der Kirche: gewöhnlich Mitte Juni–Mitte Sept. Di–Sa 8.30–14.30 Uhr, während des übrigen Jahres Di–Sa 11–18 Uhr | Tipp Inmitten von Pilgermassenware in den Geschäften übersieht man leicht den schmackhaften Käse aus der Gegend um O Cebreiro.

94 Der Seuchenpatron
Zauber der Bergwelt Galiciens

Einsam stemmt er sich gegen den Wind, hält mit der Linken den Pilgerhut fest, stützt sich mit der Rechten auf den Wanderstab. Er trägt Sandalen, einen Umhang und nichts weiter an Gepäck als ein bescheidenes Bündel. So ist der heilige Rochus auf einem Denkmal direkt an Straße und Pilgerpfad unterwegs, die sich nahe beieinander durch die Bergwelt Galiciens ziehen. Alto de San Roque heißt der schöne Stopp und Aussichtspunkt, »Anhöhe des heiligen Rochus«, 1.270 Meter hoch.

Die Landschaft ist rau, dünn besiedelt. Denkt man sich Straßen, Strommasten und gerodete Flächen weg, ist der Unterschied zum 12. Jahrhundert nicht allzu groß, als der Verfasser des Pilgerbuches Codex Calixtinus zu Galicien festhielt: »Es ist ein baumreiches Land mit Flüssen, Wiesen, außerordentlichen Obstgärten, guten Früchten und glasklaren Quellen, aber Städte, Orte und Äcker sind selten. Es gibt wenig Brot, Weizen und Wein, aber reichhaltig Roggenbrot und Apfelwein. Das Land ist gut versorgt mit Vieh und Reittieren, Milch und Honig.«

Dass der heilige Rochus am Jakobsweg steht, ist kein Zufall. Er stammte aus dem südfranzösischen Montpellier, einer Pilgerstation auf der Route der Via Tolosana über Toulouse. Die Menschen im Mittelalter verehrten ihn als Pestpatron, als Schutzheiligen für Kranke und Siechenhäuser. Seuchen waren auch unter Wallfahrern verbreitet und gefürchtet. In Kirchen war er oft als Skulptur mit einer Pestbeule am entblößten Oberschenkel dargestellt, treu begleitet von einem Hund.

Der Alto de San Roque ist eine der letzten markanten Höhen vor Santiago de Compostela. Später geht es abwärts durch Rinderweidegebiete, sattgrüne Landschaften. Allerdings will das Grün in Galicien reichlich bewässert werden. Da hat der Himmel kein Erbarmen mit Pilgern, die den Unbilden trotzen und so entschlossen voranziehen wie der heilige Rochus als übermannsgroße Denkmalgestalt.

Adresse zwischen 27671 O Cebreiro und Hospital da Condesa | **Anfahrt** Das Denkmal liegt unmittelbar an der Landstraße LU-633. | **Tipp** Nach der späteren Abfahrt ins Tal kann man im Pilgerort Triacastela Station machen, wo es Möglichkeiten zur Einkehr gibt; wichtigstes Bauwerk ist die Jakobuskirche mit ihrem haubenartigen Turmaufsatz.

95 Nereiden im Kloster
Topless unter Benediktinern

Es ist kaum zu glauben. Wann, so fragt man sich, hat man sonst wo an einem geheiligten Platz splitterfasernackte Damenbrüste aus Stein gesehen? Das Benediktinerkloster von Samos nimmt dahingehend eine Ausnahmestellung ein, nicht nur am Jakobsweg. Im kleineren der beiden Kreuzgänge gehören die entblößten Oberweiten zum Brunnen der Nereiden (Fuente de las Nereidas).

Nereiden waren Wesen aus der griechischen Mythologie, Nymphen des Meeres. Grazil und elegant steigen sie zu viert auf schuppigen Unterkörpern aus der unteren Brunnenschale und zeigen sich – aufreizend und anzüglich – zu allen Seiten des Kreuzgangs hin. Gefertigt wurde das Werk, als Debatten über Sexismus in weiter Ferne lagen, nämlich zu Beginn des 18. Jahrhunderts. Ein künstlerisch ambitionierter Mönch aus dem Kloster, Juan Vázquez, kümmerte sich persönlich um die Entwürfe. Weshalb er die Rundungen so detailgetreu zu gestalten vermochte, entzieht sich unserer Kenntnis und lässt Freiraum für Spekulationen. Das Kunstwerk verströmt eine besondere Barocknote und harmoniert mit dem Umfeld: den Bögen des Kreuzgangs, den Hortensien, Lavendel, dem sorgsamen Heckenbeschnitt. Der Kies knirscht unter den Schuhsohlen auf dem Weg zum Brunnen; im großen Bassin schwimmen Goldfische.

Interessant ist eine Mischung aus Erklärung und Entschuldigung, die man auf der Webseite des Klosters zum Topless-Brunnen der Nereiden findet: »Viele Besucher befremdet diese Thematik, und sie halten sie für einen religiösen Ort sogar für wenig angebracht. Wir dürfen nicht vergessen, dass die heidnische Mythologie ein Modethema in jenem Jahrhundert war. In Rom selber finden wir zahlreiche Beispiele.« In den Raum sei gestellt, ob alles nur ein Vorwand war, um hinter den Klostermauern etwas Pläsier ins zölibatäre Leben der Gemeinschaft zu bringen. Es ist wie es ist: Heute erfreuen sich daran elf verbliebene Benediktiner.

Adresse Abadía de Samos, 27620 Samos, www.abadiadesamos.com | **Anfahrt** Die Klosteranlage stößt direkt an die Landstraße LU-633 durch den Ort. | **Öffnungszeiten** etwa 40-minütige Führungen zu wechselnden Zeiten: zur wärmeren Jahreszeit gewöhnlich Mo–Sa 10.30, 11.30, 12.30, 16.30 und 17.30 Uhr sowie So 12.45, 16.30 und 17.30 Uhr; über Winter gewöhnlich beschränkt auf zwei Führungen täglich, Mo–Sa 12 und 16.30, So 12.45 und 16.30 Uhr | **Tipp** Erstaunlich gut ausstaffiert ist der Andenkenladen des Klosters, in dem man unter anderem Pilgerartikel und Honig bekommt.

SARRIA

96 Die kleine Altstadt
Startpunkt für Kurzzeitpilger und Urkundenjäger

Sarria ist der strategisch wichtigste Startpunkt für Kurzzeitpilger und Urkundenjäger. Denn jedermann weiß: Das Städtchen liegt 115 Kilometer vor Santiago de Compostela, und wer per Stempelfolgen im Pilgerausweis nachweist, mindestens die finalen 100 Kilometer des Wegs zu Fuß zurückgelegt zu haben, erhält im Pilgerbüro das begehrte Wallfahrtsdiplom. Logisch also, dass in Sarria das meistbegangene Streckenstück einsetzt, für das man fünf bis sechs Tage braucht. Die Dichte der Herbergen ist immens.

Sarria liegt am Flüsschen selben Namens, an dem eine Promenade mit Metallgittern voller Muschelschalen verläuft. Über eine Treppe, die Escalinata Maior, steigt man auf in die kleine, freundliche Altstadt. Dass ein Schild davor anzeigt »Durchgang für Pferde verboten«, ist ein Rätsel. Welches Tier würde über steile Stufen die Hufe schwingen?

Der Anstieg setzt sich durch die verkehrsberuhigte Rúa Maior an Granitfassaden und der Kirche Santa Mariña entlang fort. Das Wegekreuz neben dem Gotteshaus ist typisch für Galicien. In einem Shop quellen Pilgersouvenirs über und bereiten auf Kommendes in Santiago de Compostela vor. Vor dem Rathaus erinnert eine Granitskulptur an Alfons IX. von León (1171–1230), der auf seiner Jakobus-Wallfahrt bei Sarria verstarb; in seine Herrschaftszeit fiel 1211 die Weihe der Kathedrale von Santiago de Compostela. Etwas freundlicher hätte man den König durchaus darstellen können. Die Miene ist versteinert, was nicht einzig am Granit liegt. Apathisch hockt er auf einem Thron, das Schwert zwischen den Beinen auf den Boden gestützt. Den Umhang zieren zwei fette Jakobsmuschelschalen.

Die Altstadt klingt mit der Kirche San Salvador aus, auf der Höhe knickt der Weg nach rechts ab. In Sarria beginnen mehr Pilgergeschichten als andernorts. Pilgernovizen werden bald feststellen, dass der Rucksack zu schwer und der Jakobsweg kein Selbstläufer ist.

Adresse 27600 Sarria | **Anfahrt** Mitten durch Sarria führt die Landstraße LU-633 weitgehend abseits vom Pilgerweg; für eine Erkundung der Altstadt muss man parken und hinauflaufen. | **Tipp** Preisgünstige Gelegenheiten zur Einkehr finden sich entlang der Rúa Maior.

A PENA

97 _ Der Kilometerstein 100
Ein magischer Halt

In unregelmäßigen Abständen zählen Schilder auf Kilometersteinen in Galicien die verbleibende Entfernung bis Santiago de Compostela zurück. Und zwar exakt: mit drei Stellen hinter dem Komma. Beim Bauerndorf A Pena ist es so weit, der Kilometer 100,000 erreicht. Für Pilger ist dies ein magischer Platz, obgleich nicht in spektakuläre Kulissen gefasst. Es ist ein sattgrünes, hügeldurchwelltes Gebiet der Rinderweiden, Eichen, Maronen, Walnuss- und Feigenbäume. Farne und Brombeerranken sprießen hervor. Steinmäuerchen tragen Beläge aus Moos. Rundherum riecht es kräftig nach Land. Typisch sind die agrarischen Speicherbauten (Hórreos), die Mausoleen gleichen und auf Stützen mit untergeschobenen Steinrädern stehen. So können keine Mäuse hinein.

Der Kilometerstein 100 liegt unter einem Apfelbaum und gegenüber einer knorrigen Eiche. Er trägt, wie gemeinhin üblich, einen gelben Pfeil und das Zeichen der stilisierten gelben Jakobsmuschel auf blauem Grund. Unverbesserliche haben Kritzeleien hinterlassen. Die schönste Begegnung hatte der Verfasser dieses Buches hier mit der Spanierin Isabel Braña, die in ihren Siebzigerjahren stand. Fast ein halbes Jahrhundert hatte sie als Hilfskrankenschwester in Fribourg in der Schweiz gearbeitet – und kurioserweise dort von den Ärzten erstmals vom Jakobsweg in ihrer Heimat gehört. »Ich kannte ihn vorher wirklich nicht«, gab sie unverblümt zu. Sie fasste den Entschluss, als Rentnerin auf Pilgerschaft zu gehen. Daraus sind mittlerweile über zehn geworden, die vorerst letzte zusammen mit ihrem Kumpel Miguel Díaz, einem Bergmann, der wie sie aus der Region Asturien stammte. Zum Abschied sagte Isabel: »Wenn ich auf dem Weg bin, habe ich ein Leuchten in den Augen.«

A Pena ist winzig und verschlafen, frei von der Kommerzialisierung des Jakobswegs. Kein Geschäft. Keine Kneipe. Ein Hund döst auf der Straße. Ein Hahn kräht auf dem Mist.

Adresse 27611 A Pena | **Anfahrt** Die Anfahrt ins hiesige Gemeindegebiet von Ferreiros hat ihre Tücken und erfordert GPS-Hilfe; A Pena liegt westlich von Sarria an einer winzigen Nebenstraße zwischen Mirallos und Francos. | **Tipp** Etwa 200 Meter vor dem Kilometerstein 100 liegt direkt am Jakobspfad eine alte Seelen- oder Heiligennische (Peto de ánimas), wie man sie in Galicien häufiger findet.

PORTOMARÍN

98 Der verlegte Ort
Stein für Stein nach oben

Es war eine Herkulesaufgabe zu Beginn der 1960er Jahre, den Stausee Belesar anzulegen. Bis dahin floss im Tal geruhsam der Río Minho dahin, an dessen Ufern sich Portomarín ausbreitete. Vor der bevorstehenden Flutung des Gebietes galt es, die wichtigsten Gebäude zu retten und ein bis zwei Etagen höher auf einen Hügel zu verlegen. Allen voran die zinnengekrönte Wehrkirche, ein Werk der Spätromanik. Sie ist das Wahrzeichen von Portomarín geblieben und zeichnet sich aus der Ferne ab. Für Pilger und Fahrzeugverkehr geht es zunächst einvernehmlich über die moderne Brücke auf den Ort zu, der für Fußgänger mit dem Treppenaufstieg zur Kapelle der Schneejungfrau (Capela da Virxe das Neves) beginnt.

Ist der Wasserstand des Stausees niedrig, blickt man beidseits der Brücke auf Reste des Ursprungsortes in der Tiefe. In ganz trockenen Zeiten reibt man sich so richtig verwundert die Augen. Dann taucht neben den unteren Brückenpfeilern tatsächlich die alte Brücke auf, über die früher die Pilger zogen. Dass die gedrungenen Brückenbögen bislang dem Wasserdruck schadlos standgehalten haben, grenzt an ein Wunder.

Die Vorzeige-Ansicht von Portomarín ist und bleibt die Kirche, die unter zwei Namen bekannt ist, San Nicolao und San Joán; der Ursprung im 12. Jahrhundert geht auf die Jakobsritter zurück. Auf dem Rathausplatz daneben steht eine Pilgerskulptur aus Granit, die mit dem ausgestreckten rechten Arm die Richtung nach Santiago de Compostela angibt; fein gearbeitet sind Umhang, Hut, Verpflegungstasche, Stab und Jakobsmuscheln. Dass auf der Tafel darunter nicht der Name des Künstlers steht, sondern nur die Namen von Politikern aufgeführt sind, während deren Amtszeit das Denkmal eingeweiht wurde, darf man als peinlich und despektierlich empfinden. Aus Granit bestehen auch die nahen Arkaden, wo Cafés und Restaurants herrliche Plätzchen zur Einkehr bieten.

Adresse 27170 Portomarín | **Anfahrt** Wer motorisiert über die Brücke anreist, nimmt am Ortsrand den ersten Abzweig nach rechts und fährt ein Stück hinauf; das letzte Stück bis zur Kirche muss man zu Fuß zurücklegen. | **Tipp** Gute Küche und schöne Aussichten bietet das Restaurant O Mirador, Rúa do Pelegrín 27 bajo, Tel. 0034/982/545323, http://omiradorportomarin.com; über Winter geschlossen.

MELIDE

99 Die Pulperías
Nur für Hardcore-Seafood-Fans

Es mag etwas überheblich klingen, wenn Köchin María im Brustton der Überzeugung sagt: »Oktopus sollte man bei uns in Galicien immer im Landesinnern essen. An der Küste versteht man sich nicht darauf, ihn so gut zuzubereiten wie hier.« Ob das stimmt, sei dahingestellt. Wahr ist, dass im Jakobswegort Melide der Oktopus (Pulpo) die bekannteste Spezialität ist. Aufgetischt wird er hier und andernorts auf sogenannte Jahrmarkt-Art (Pulpo a feira) – und zwar in eigenen Oktopus-Restaurants (Pulperías). An der Hauptstraße durch Melide kommt es vor, dass sich lange Warteschlangen vor den Pulperías bilden.

Oktopusse kocht man in gewöhnlichem Wasser in riesigen Blechtöpfen und angelt sie nach einer halben Stunde heraus. Dann zerschnibbelt man die Arme auf einem Holzbrett in mundgerechte Happen, träufelt Olivenöl darüber, gibt eine Prise scharfes Paprikapulver dazu. Fertig. Zum Aufspießen der Stücke eignen sich Zahnstocher. Außen vor bleiben die Oktopusköpfe, die sich laut Köchin María besser für Eintöpfe sowie die Füllungen von Teigtaschen und Kroketten eignen. Frei von Beschönigung halten wir fest: Das Gericht ist definitiv nichts für jedermann. Zieht man Ästhetik und Konsistenz als Maßstäbe heran, dürften sich vornehmlich Hardcore-Seafood-Fans angesprochen fühlen. Die Arme des Oktopus sind mit Saugnäpfen übersät, die selbstverständlich mitgekocht und mitserviert werden. Beim Kauen lösen sie sich im Mund oder saugen sich sogar ein ganz klein wenig an der Zunge fest. Insgesamt muss man gutes Zahnmahlwerk haben, denn der Oktopus insgesamt ist leicht gummiartig. Dazu passt ein guter Tropfen aus den Weißweingegenden Galiciens: solide ein Ribeiro, erlesener ein Albariño.

Für Galicier ist der »Pulpo a feira« Bestandteil der Kultur. Kaum ein Fest, kaum ein Freundestreffen kommt ohne Oktopus aus. Früher war es ein extrem preiswertes Essen. Das hat sich geändert.

Adresse 15800 Melide | **Anfahrt** Mitten durch Melide führt die Landstraße N-547, an der auch Pilger entlangziehen. | **Tipp** Eines der Oktopus-Restaurants ist die Pulpería Ezequiel, Cantón de San Roque 48, Tel. 0034/981/505291, www.pulperiaezequiel.com; gemütlich ist es nicht, aber schmackhaft – für die, die sich darauf einlassen.

100 Der Berg der Freude
Jubilierende Pilger

Der letzte Hügel des Jakobswegs, der erste Ausblick. Der Monte do Gozo, übersetzt: »Berg der Freude«, steht für die Aussichtspremiere auf Santiago de Compostela und die Kathedraltürme in der Ferne. Wenige Kilometer fehlen noch.

Ziel auf dem Monte de Gozo ist das Denkmal der jubilierenden Wallfahrer. Es zeigt zwei übermannsgroße Pilger, die am Ende eines wiesengesäumten Zugangspfads über einem Zwischenhang stehen und an den Füßen nichts weiter tragen als Sandalen. Beide jubeln, sind in Umhänge gehüllt, halten den jeweils rechten Arm wie zum Triumph der Ankunft in die Höhe. Aus den Bronzegesichtern sprechen Freude und Erleichterung. Die hintere Skulptur schwenkt den Hut. »Wir sind wohlbehalten angekommen« – das scheinen sie auszudrücken. Das mag echte Pilger zur Rückschau anstoßen. Tage, Wochen, vielleicht Monate sind sie unterwegs gewesen und haben den Jakobsweg als Sinnbild für den eigenen Lebenspfad kennen und erkennen gelernt. Die lange, entbehrungsreiche Zeit ist fast zu Ende. Erinnerungen, Begegnungen, Impulse drängen sich in den Sinn. Manch einer hat sich vielleicht Notizen gemacht, die er nun hervorzieht. Fragen tauchen auf. Was hat die Pilgerschaft geändert? Wie trägt man die Erkenntnisse ins künftige Leben hinein, in den Alltag, die Partnerschaft, das Berufsleben? Ist man ein anderer Mensch geworden? Die Antwort kann eigentlich nur »Ja« lauten.

Oft ist es im Grünen um das künstliche Pilgerdoppel still und das Panorama, nun ja, im Grunde nicht der allergrößte Traum. Denn früher, als an gleicher Stelle viele Pilger ergriffen in Tränen ausbrachen oder sich – wie der Italiener Nicola Albani Mitte des 18. Jahrhunderts – auf die Knie warfen und die Erde küssten, gab es noch keine Ringautobahn, kein Fußballstadion und keine Kongresshallen, die sich zwischen den Berg der Freude und die Altstadt von Santiago de Compostela schoben.

Adresse 15820 Santiago de Compostela / Monte do Gozo | **Anfahrt** Die Anfahrt auf den Monte do Gozo ist nicht ganz einfach; am besten von unten her, also der Stadtseite, durch die Rúa das Estrelas. | **Tipp** Zwischen dem Monte do Gozo und dem Zentrum von Santiago de Compostela liegen einige Hotels, die sich für Autofahrer anbieten; so hält man sich ohne Parkprobleme von der Altstadt fern und kann einen Linienbus in die City nehmen. Eine der Unterkünfte ist das Hotel Eurostars San Lázaro, Avenida Fernando de Casas Novoa, Tel. 0034/981/551000, www.eurostarshotels.com.

101 Der Weg zur Kathedrale
Ungradlinig wie das Leben

Fassaden aus Granit und Glas, Arkaden, lauschige Winkel, Plätze und labyrinthische Gassen, in seiner Gesamtheit Weltkulturerbe der UNESCO mit über 80 historisch wertvollen Monumenten – dies und vieles mehr ist die Altstadt von Santiago de Compostela. Es ist allerdings, als wäre sie ein Symbol für das Leben, kein gradliniger Weg führt bis zur Kathedrale mit dem Grab des Jakobus. Zu verschlungen ist das Gassengeflecht, zu unübersichtlich der Wechsel der Abzweige.

Das finale Stück Jakobsweg führt durch die Porta do Camiño in die Fußgängerzone; der Name erinnert daran, dass sich hier im Mittelalter ein Stadtmauertor öffnete. Der Verkehrslärm verebbt. Der historische Kern schnürt sich mit Granitkulissen zusammen, wirkt regelrecht ländlich. Hinweisschilder auf videoüberwachte Zonen holen in die urbane Moderne. Dann öffnet sich ein asymmetrischer Platz, die Praza de Cervantes, wo Meisterliterat Cervantes auf seiner Denkmalsäule thront. Aber wie geht es weiter? Wo ist die Kathedrale, die doch so nah sein muss? Sie treibt ein Versteckspiel. Passend dazu heißt eine Gasse, die vom Platz abzweigt: Rúa do Preguntoiro, die »Fragegasse«. Unzählige Male haben Pilger im Laufe der Geschichte nach dem Weg gefragt.

Gleichlaufend zur erfolglosen Ausschau nach den Kathedraltürmen ernüchtert manchmal der Blick gen Himmel. In einer der regenreichsten Gegenden Spaniens gibt es keine Garantie, den Dom trockenen Fußes zu erreichen. Niederschläge sind indes kein Grund für Niedergeschlagenheit. An alle Durchnässten und Aufgeweichten richtet sich der tröstende Spruch der Einheimischen, dass selbst der Regen Kunst sei in Santiago de Compostela: vom glasklaren romanischen Guss über feinen gotischen Niesel bis zum barocken Sturzbach.

Der Streifzug durch die Gassen ist die Ouvertüre. Dann orchestriert das große Bühnenwerk der Kathedrale das Bild, erhaben, ergreifend und allgewaltig.

Adresse 15704 Santiago de Compostela | **ÖPNV** Der Busbahnhof (Estación de Autobuses) für Fernbusse liegt etwas außerhalb in der Rúa Clara Campoamor. | **Anfahrt** In die Altstadt zu fahren, ist ein Ding der Unmöglichkeit; die nächsten Parkhäuser liegen an der Praza de Galicia und in der Avenida de Rodrigo de Padrón (Parking San Clemente). | **Tipp** Ein Muss für viele Ankömmlinge, ob gläubig oder nicht, ist die Teilnahme an der Zwölf-Uhr-Mittagsmesse in der Kathedrale; gegen Ende wird nur noch in absoluten Ausnahmefällen der Weihrauchwerfer (Botafumeiro) geschwungen – abhängig davon, ob irgendwer ihn beim Klerus bestellt und bezahlt hat.

102 Das Jakobusgrab
In den Tiefen der Kathedrale

In den Tiefen unter dem Hochaltar der Kathedrale verbirgt sich die Keimzelle der gesamten Jakobspilgerschaft, das Ziel der Ziele: das (vermeintliche) Grab des heiligen Apostels Jakobus. Endstation des Treppenabgangs ist ein winziger Raum mit einem Gitter, durch das man auf das Allerheiligste schaut. Näher kommt man nicht heran. Ein paar Meter fehlen bis zum Reliquienschrein, der im 19. Jahrhundert gefertigt wurde und silbern im Licht glänzt – ein bescheidener Anblick im Vergleich zur Prachtentfaltung oben im Kirchenraum. Oft stehen Blumengebinde vor dem Schrein und darunter auf dem Marmorboden.

Über dem Schrein hält ein herabhängender Silberstern die Legende wach, der zufolge Sternenlichter dem Einsiedler Pelayo im 9. Jahrhundert das Apostelgrab anzeigten. Näher an die Gegenwart rückt eine Tafel, die an den Besuch von Papst Johannes Paul II. 1982 und seinen berühmten Ausspruch erinnert: »Ich, Bischof von Rom und Oberhaupt der universalen Kirche, lasse von Santiago aus einen Schrei der Liebe los zu dir, altes Europa: Finde wieder zu dir, sei wieder du selbst.« Der Heilige Vater aus Polen war ein entscheidender Impulsgeber für die Renaissance der Jakobspilgerschaft, die die Bewegung im Mittelalter mittlerweile überflügelt hat.

Ob nach all den Irrungen und Wirrungen der Zeiten und annähernd 2.000 Jahren Geschichte hier der wahre Jakob begraben liegt, werden wir niemals wissen. Zweifel und Skepsis seien erlaubt. Doch der Glaube versetzt seit alters her Berge und beflügelt Menschen aus aller Welt, hierherzukommen.

Das Ziel, die Ankunft am Grab, steht für viele Ankömmlinge als Wendepunkt, als Neubeginn der weiteren Lebensreise. Treffender als Hollywoodstar Shirley MacLaine, die über ihre Pilgerschaft das Buch »Der Jakobsweg. Eine spirituelle Reise« verfasste, kann man es kaum ausdrücken: »Ich hatte es geschafft! Was würde ich jetzt damit anfangen?«

Adresse Catedral de Santiago, Praza do Obradoiro, 15704 Santiago de Compostela | **Anfahrt** In die Altstadt zu fahren, ist ein Ding der Unmöglichkeit; die nächsten Parkhäuser liegen an der Praza de Galicia und in der Avenida de Rodrigo de Padrón (Parking San Clemente). | **Öffnungszeiten** gewöhnlich täglich 7–21 Uhr | **Tipp** Besuchsziele sind auch das angeschlossene Dommuseum, der romanische Bischofspalast Xelmírez sowie das romanische Glorienportal (Pórtico de la Gloria) mit seiner Figurenpracht des Meisters Mateo. Für die Besuche gibt es ein Kombiticket; montags ist geschlossen.

SANTIAGO DE COMPOSTELA

103 Das Pilgermuseum
Eine phantastische Fundgrube

Oft hat der Jakobsweg seine Begeher, seine Befahrer per Rad und sonstigen Erkunder unterwegs berührt, sind sich manche selbst begegnet. Das Pilgermuseum (Museo das Peregrinacións) ergänzt die Eindrücke und Erlebnisse, indem es die Faszination der Pilgerschaft in einen informativen, fundierten Rahmen fasst. Viel los ist erfahrungsgemäß nicht, obgleich das Haus mitten in der Altstadt unterhalb des Südportals der Kathedrale liegt.

Das Museum überzeugt mit einer klaren Struktur der Themenfelder, die die komplexe Geschichte und Entwicklung der Santiago-Wallfahrten vertiefen. Klar vorgegeben sind die Leitmotive: die Pilgerfahrt als universelles Phänomen; die Pilgerschaft und der Jakobsweg in all seinen Dimensionen; die Stadt Santiago de Compostela als Ziel der Pilgerschaft. Modelle halten den Ursprungsbau des Jakobusgrabes und den Fortbau der Kathedrale vor Augen, Silberarbeiten die Herausbildung der Zünfte und des Pilgerkommerzes, Schautafeln und Video-Einspieler die historischen Routen und Impressionen aus heutiger Zeit.

Höhepunkte der Sammlung sind Skulpturen, Reliefs und Gemälde mit den verschiedensten Darstellungen des Jakobus: als Apostel und Märtyrer, als unseliger Maurentöter, als Pilger. Der Apostel ist hier in diversen Größen und Materialien vertreten. Ob halbmeterhoch aus Holz oder fingerklein aus Gagat.

Unter den Gemälden fällt ein pilgernder Jakobus auf, den kaum jemand wohlgenährter festgehalten haben dürfte als ein anonymer Meister aus dem Kreis um Pedro Berruguete (1450–1504). Des Heiligen fülliger Körper steckt in einem gold-blauen Umhang, das Gesicht unter dem grünen Hut ist oval. Das verbreitete Motiv der Jakobsmuschel veranschaulicht eine Truhe, die kunstvoll mit Muschelbeschlägen überzogen ist.

Fazit: Das Museum ist eine phantastische Fundgrube des Wissens und der Ausstellungsstücke.

Adresse Museo das Peregrinacións, Praza das Praterías 2, 15704 Santiago de Compostela, http://museoperegrinacions.xunta.gal | **Anfahrt** In die Altstadt zu fahren, ist ein Ding der Unmöglichkeit; die nächsten Parkhäuser liegen an der Praza de Galicia und in der Avenida de Rodrigo de Padrón (Parking San Clemente). | **Öffnungszeiten** Di – Fr 9.30 – 20.30 Uhr, Sa 11 – 19.30 Uhr, So 10.15 – 14.45 Uhr | **Tipp** Gegenüber dem Pilgermuseum führt eine breite Freitreppe hinauf zum Praterías-Südportal der Kathedrale, das durch seine Details besticht. Eines davon ist die Darstellung einer Dame mit einem skelettierten Schädel auf dem Schoß: die Personifizierung der Sünde in Gestalt einer untreuen Ehefrau, die den Totenkopf ihres Lovers zweimal täglich küssen muss …

SANTIAGO DE COMPOSTELA

104 Das Quartier im Spital
Wimmelbilder im Schatten der Kathedrale

Erschöpfte Pilger treffen ein, sinken nieder, entledigen sich ihrer Schuhe, posieren für Selfies. Besuchergruppen schwirren umher. Irgendwo am Rand schielt ein Straßenkünstler auf klingende Münze. Das ständige Kommen und Gehen, die Wimmelbilder sind bezeichnend für die Praza do Obradoiro, den weiten Vorplatz vor der Westfassade der Kathedrale. Deren Barocktürme steigen in granitener Allgewalt auf, dazwischen hält Jakobus in einem Freibogen des Mittelteils die Stellung als Pilger. Es gibt kaum jemanden, der beim Aufenthalt in Santiago de Compostela nicht mehrmals die Praza do Obradoiro kreuzt. Der Name Obradoiro soll sich von den Open-Air-Werkstätten der Steinmetze ableiten, die der Fassade des Doms den letzten Schliff gaben. Die Kathedrale selber verschmilzt mit dem Erzbischofspalais Xelmírez, unter dem ein Durchgangstunnel abzweigt, den sich gelegentlich ein Dudelsackspieler als Klangraum zunutze macht.

Umschlossen wird der Platz überdies vom Sitz des Rektorats der Universität (Colexio de San Xerome) sowie den mächtigen Bauten des Pazo de Raxoi und des Hostal dos Reis Católicos. Im neoklassizistischen Pazo de Raxoi residieren die Lenker der Stadt und der Regierung Galiciens. Dass hoch oben ein Jakobus als Maurentöter (siehe Kapitel 29) in Dimensionen wie nirgendwo sonst auf die Glaubensfeinde eindrischt, scheint niemanden zu stören. Ein Problembewusstsein ist fremd, Tradition hält Tradition.

Das Hostal dos Reis Católicos nimmt die Nordflanke des Platzrechtecks ein. Auf Geheiß der Katholischen Könige (Reis Católicos) Isabella von Kastilien und Ferdinand von Aragonien 1501 begonnen, entstand hier ein Kranken- und Pilgerspital. Daraus ist mittlerweile ein luxuriöses Fünf-Sterne-Domizil aus der Hotelkette der Paradores geworden. Es besticht durch seine platereske, figurenreiche Fassade und legt sich um vier Innenhöfe – einer schöner als der andere.

Adresse Praza do Obradoiro, 15705 Santiago de Compostela | **Anfahrt** In die Altstadt zu fahren, ist ein Ding der Unmöglichkeit; die nächsten Parkhäuser liegen an der Praza de Galicia und in der Avenida de Rodrigo de Padrón (Parking San Clemente); ab dort weiter zu Fuß. | **Tipp** Nahe der Praza do Obradoiro liegt in der Fußgängerzone die kleine, pittoreske Praza de Fonseca mit Kamelien, Blumenbeeten, einem Brunnen und Steinbänken – ein schöner Platz für eine Rast.

SANTIAGO DE COMPOSTELA

105 Die Kirche San Fructuoso

Stille im Trubel

Plötzlich fühlt man sich weit weg. Zwei Gehminuten von der Praza do Obradoiro entfernt, dem riesigen Freiplatz vor der Hauptfassade der Kathedrale von Santiago de Compostela, sind die Pilger- und Besuchermassen verschwunden. Die Stimmenfetzen, die von der vorbeiführenden Gasse ins Innere des Kirchleins San Fructuoso dringen, sind kaum der Rede wert. Hierher verirren sich trotz der zentralen Lage nur wenige.

Hinter der strengen Fassade steigt die Barockkuppel hoch auf. Bescheidene Holzbänke bieten Platz. Das Licht flutet spärlich, gibt Raum für eine besondere Aura. Seitlich vor dem Altarraum brennen noch echte Kerzen – eine Wohltat im Vergleich zu den elektrischen Kästen in vielen Kirchen am Jakobsweg. Die Kerzenopfer flammen hier für den heiligen Fructuosus von Braga, im 7. Jahrhundert Gründer zahlreicher Klöster in Portugal und Spanien. Stärkerer Blickfang als die Skulptur des Namensgebers der Kirche ist die Schmerzensmutter im Hochaltar. Die Mater Dolorosa wird wie auf einer Bühne in Szene gesetzt, was die bildhauerische Struktur eines herabfallenden Vorhangs hinter ihr verstärkt. Wirkungsvoll wirft sie den Schatten ihren grazilen Rechten darauf, mit der linken Hand umfasst sie den Sohn, über dessen Oberkörper Blutströme laufen. »Hier mag ich den Realismus Christi eigentlich lieber als den der Jungfrau«, sagt Pfarrer Ricardo Vázquez Freire. Hinter dem Eingang hat er ein handgeschriebenes Plakat platziert: »In diesem Haus wohnt Jesus Christus, der Sohn des lebendigen Gottes. Tritt in Stille und Respekt ein, bete mit Demut.«

Die Kirche San Fructuoso nimmt die Stelle eines vormaligen Friedhofs für Jakobspilger ein, die im königlichen Spital verstorben waren. Für Stadtführer Francisco Esteban Palomo ist sie »ein Musterbeispiel des geometrischen Barocks«, wie er sich in Santiago de Compostela phantasiereich entwickelte.

Adresse Iglesia de San Fructuoso, Rúa da Trindade 12, 15705 Santiago de Compostela, http://parroquiasanfructuoso.com | **Anfahrt** In die Altstadt zu fahren, ist ein Ding der Unmöglichkeit; die nächsten Parkhäuser liegen an der Praza de Galicia und in der Avenida de Rodrigo de Padrón (Parking San Clemente); ab dort weiter zu Fuß. | **Öffnungszeiten** im Regelfall täglich 10–20 Uhr | **Tipp** In Außenansicht der Kirche muss man ein wenig zurücktreten, um eine steinerne Schmerzensmutter an der Fassade zu bewundern.

SANTIAGO DE COMPOSTELA

106 Das Frischeparadies
Satte Tropfen, winzige Paprika und Brüstchenkäse

Der Wochenmarkt im oberen Altstadtteil ist ein Frische- und Spezialitätenparadies der Spitzenklasse, ein Fest für die Sinne, ein kulinarisches Schaufenster der Region Galicien. Das Geschehen verteilt sich auf mehrere Hallen: Obst und Gemüse, Fleisch und Würste, Fisch und Meeresfrüchte, Käse, Alkoholika. Populär ist der Tresterbranntwein (Orujo), der das Gedärm hochprozentig durchspült. Softer kommen die Likörversionen daher, deren Palette von Honig über Sahne bis zu Kaffee reicht. Man sollte Ausschau halten nach hausgemachten Tropfen (Orujos caseros).

Der 1873 begründete Markt ist eine der empfehlenswertesten Besuchsadressen der Stadt, ist aber zum Glück nicht zum Massenziel mit Touristenpreisen mutiert. Natürlich schwadronieren gelegentlich Reisegruppen durch die Standreihen, doch in erster Linie ist der Markt für die Einheimischen da.

Das Markttreiben ist eines der buntesten in Spanien, vor allem samstags. Dann sieht man zur wärmeren Jahreszeit rundherum Bäuerinnen wie aus der Klischeekiste sitzen, vor ihnen Körbe mit Kopfsalaten, Möhren, Tomaten, Zwiebeln, Eiern, Äpfeln. Spezialitäten sind die winzigen Paprikaschoten aus Padrón (Pimientos de Padrón), die man nicht roh, sondern gegrillt isst.

Ein Star unter den Produkten ist der galicische Brüstchenkäse (Tetilla gallega), dessen Form einer Damenbrust nachempfunden ist. Das bedarf einer Erklärung und lässt sich als weltlicher Protest gegen das Erzbistum von Santiago de Compostela interpretieren. Im Figureninventar des romanischen Glorienportals der Kathedrale hatten die Steinbildhauer einst die Formen der Esther allzu stark herausgearbeitet, worauf der Klerus sie züchtig zurückbilden ließ. Das schmeckte dem Volke nicht. Statt in Granit leben sie seither – auf Basis von Kuhmilch – in cremig-weicher Form weiter. Oder härter, falls der Brüstchenkäse mit Buchenholz geräuchert ist.

Adresse Mercado de Abastos, Praza de Abastos / Rúa das Ameas, 15704 Santiago de Compostela, www.mercadodeabastosdesantiago.com | **Anfahrt** In die Altstadt zu fahren, ist ein Ding der Unmöglichkeit; die nächsten Parkhäuser liegen an der Praza de Galicia und in der Avenida de Rodrigo de Padrón (Parking San Clemente); ab dort weiter zu Fuß. | **Öffnungszeiten** Mo–Sa 8.30/9 – 14.30/15 Uhr; bei einzelnen Ständen kann es zu leichten Abweichungen kommen; montags schließt die Fischsektion | **Tipp** Wer es in Melide (siehe Kapitel 99) versäumt hat, Oktopus zu essen, oder gar nachlegen will, hat in den Markthallen in der Pulpería Abastos Gelegenheit zur Kostprobe.

107 Die Kunstwerke aus Gagat

Schwarze Muschelschalen als Andenken

Die Souvenirkultur in Wallfahrtsorten besteht oft aus Tinnef und Billigstware »Made in China«. Im Fall von Santiago de Compostela reichen die Angebote von kitschigen Jakobusfigürchen bis zu Pilgersets zum Fremdschämen: mit Stab, Trinkkürbis und daran befestigter Muschel. Das lenkt den Blick ab von wahren Schätzen, die man in der Flut der Angebote leicht übersehen kann: Schmuckarbeiten aus Gagat, deren Tradition ins Mittelalter zurückreicht.

Gagat (Azabache), auf Deutsch auch als Jettstein oder Pechkohle bekannt, ist ein leichtes fossiles Holz, auf dessen Bearbeitung sich Kunsthandwerker in der Altstadt von Santiago de Compostela seit Jahrhunderten verstehen. Früh gab es eine historische Zunft und eine Straße, die Rúa da Acibechería, wo die Waren entstanden. Dort – auf dem letzten Stück Pilgerweg bis zur Nordfront der Kathedrale – und im allernächsten Umkreis der Straße gibt es bis heute einige Geschäfte, die Gagatschnitzereien produzieren und anbieten.

Bereits 1443 stellten die Gagatschnitzer der Apostelstadt in ihrer Zunft eine Verordnung auf, derzufolge der Gagat aus der Nachbarregion Asturien stammen musste. »Zwischen dem 15. und 17. Jahrhundert erreichte diese Handwerkskunst ihren Höhepunkt«, verbürgt eine Schrift aus dem Pilgermuseum von Santiago de Compostela. Als Mitbringsel beliebt waren seinerzeit Amulette, Rosenkränze und Prozessionskreuze. Gegenwärtig verkaufen sich Muschelschalen am besten, die sich an einer Kette befestigen und um den Hals tragen lassen. Allerdings sind die Quellen der Gagatbestände in Asturien so gut wie versiegt, sodass der Nachschub an Rohmaterial aus der Türkei und Georgien kommt.

Gagat ist seit alters her verbunden mit dem Glauben an magische Kräfte. Ihm werden eine Serie von heilenden und schützenden Eigenschaften zugeschrieben. Das erklärt die anhaltende Popularität.

Adresse Geschäfte in um die Rúa da Acibechería, 15704 Santiago de Compostela | Anfahrt In die Altstadt zu fahren, ist ein Ding der Unmöglichkeit; die nächsten Parkhäuser liegen an der Praza de Galicia und in der Avenida de Rodrigo de Padrón (Parking San Clemente); ab dort weiter zu Fuß. | Öffnungszeiten Die Läden mit Gagatschnitzereien öffnen gewöhnlich Mo–Fr 10/11–14 und 16.30/17–20 Uhr, Sa nur vormittags. | Tipp Ab der Rúa da Acibechería ist es nicht weit zum hinteren Platz der Kathedrale, der Praza da Quintana. Dort liegt die »Heilige Pforte« (Puerta Santa), die in Heiligen Jakobusjahren geöffnet wird.

108 Die süßen Jakobsmuscheln

Im Schoko-Shop von Carina und Alejandro

Der Jakobsweg hat schon immer Menschen angespornt, ein neues Leben in der Fremde zu beginnen: im Mittelalter als Händler, Handwerker, Gastwirte. In die Altstadt von Santiago de Compostela sind die Argentinier Carina Gragnolati und Alejandro Racciatti aus Buenos Aires zugewandert und setzen auf eine originelle Geschäftsidee. Sie produzieren und verkaufen Süßes: Jakobsmuscheln aus Schokolade. In ihrer Heimat hatten sie zuvor ein Business für Firmengeschenke geführt. Naschwerk fabrizierte Alejandro in seiner Freizeit. Nun ist es sein Hauptjob.

Ihren Laden mit angeschlossener Schokowerkstatt hat das Paar TeoAta genannt, ein Zusammenzug aus Teodoro und Atanasio. Laut Legende waren dies die beiden Jünger, die den Leichnam des hingerichteten Apostels Jakobus unter widrigen Umständen aus Jerusalem fortschafften und an jenen Platz brachten, an dem nach der Wiederentdeckung des Grabes im 9. Jahrhundert Santiago de Compostela entstand. »Von ihrem Mut, ihrer Entschlossenheit wollten wir uns anstecken lassen«, sagt Carina und setzt hinzu: »Es ist auch eine Hommage an die beiden.«

Die Produktpalette beschränkt sich nicht auf Schoko-Jakobsmuscheln, die Miniformat oder Handtellergröße haben können. Weitere Verkaufsschlager sind Pralinen in bunten, glitzernden Farben mit dem Geschmack von Pistazie, Orange, Kaffee, Zimt, Maracuja. Carina ist mittlerweile zur begeisterten Jakobspilgerin geworden und zusammen mit Sohn Guido in sechs Tagen von Sarria nach Santiago de Compostela gewandert. »Das war eine wunderbare Erfahrung. Unsere Erwartungen wurden übertroffen«, schwärmt sie. Der Pilgerpfad sei »weit mehr ein innerer als ein äußerer Weg«, hat sie für sich ergründet. Die Fortsetzung soll folgen, am besten zusammen mit ihrem Mann Alejandro.

Adresse TeoAta Chocolate, Rúa do Preguntoiro 36, 15704 Santiago de Compostela, www.teoatachocolate.com | Anfahrt In die Altstadt zu fahren, ist ein Ding der Unmöglichkeit; die nächsten Parkhäuser liegen an der Praza de Galicia und in der Avenida de Rodrigo de Padrón (Parking San Clemente); ab dort weiter zu Fuß. | Öffnungszeiten Mo–Sa 10–14 und 17–20 Uhr | Tipp Die Rúa do Preguntoiro, die im oberen Altstadtteil liegt, verdient eine intensivere Erkundung; sie zählt zu den schönsten und unverfälschtesten Einkaufsgassen in Santiago de Compostela.

109 Die Colegiata de Sar
Stiftskirche mit Schieflage und schönem Kreuzgang

Das letzte Kuriosum unserer Reise liegt abseits der City: die Colegiata de Sar, eine Stiftskirche, bei der sich die romanische Ursprungsform weitgehend erhalten hat. Das Gotteshaus liegt im Südteil von Santiago de Compostela beim Flüsschen Sar und heißt in galicischer Namenskomplettform Colexiata Santa María a Real do Sar. Unterstützt vom Erzbistum, begannen die Arbeiten 1136 als Teil eines geplanten Augustinerklosters und erstreckten sich über annähernd ein Jahrhundert. Seltsam sind die Fremdkörper an der Nordseite: massige Konstrukte aus angesetzten Stützbögen. Sie kamen erst im 18. Jahrhundert dazu, um den Einsturz des Gebäudes zu verhindern, denn: In der Stiftskirche liegt einiges schief.

Beim Eintritt glaubt man an eine Täuschung der Wahrnehmung und reflektiert, ob vielleicht der Tresterbranntweinkonsum vom Vorabend nachwirkt. Ist das möglich? Helfen ein paar Schritte nach links oder rechts? Nein, der Wechsel der Perspektive nutzt nichts. Der Säulenwald der Stiftskirche von Sar ist geneigt. Die befremdliche Schieflage fußt aus einer Melange aus Planungs- und Konstruktionsfehlern. Der Untergrund in der Nähe der Ufer des Sar war auf Dauer zu weich und sumpfig, wie später Befunde von Architekten belegten. Einen Grund für die Instabilität sahen die Gutachter überdies darin, dass die Seitenschiffe dieselbe Höhe wie das Hauptschiff hatten. 1723 stand der Abriss im Raum; dank der Finanzhilfen des bei der Kathedrale gelegenen Klosters San Martín Pinario konnte sie gerettet werden.

Die Stimmung im Kircheninnern ist besinnlich, unterlegt vom Dämmerdunkel. Ein Marienbildnis präsidiert den Hochaltar. Etwas seitlich verharrt vor einem Fenster der heilige Pestpatron Rochus als Jakobspilger, begleitet von einem Kind und einem Hund. Das Sonnenlicht kehrt im Kreuzgang zurück, eine Perle aus niedrigen Bögen mit feinen Dekors, Wiesengrün und Blumenbeeten. Da hält man gerne länger inne und atmet durch.

Adresse Colexiata Santa María a Real do Sar, Rúa de Sar, 15701 Santiago de Compostela | **Anfahrt** Im südlichen Stadtgebiet Anfahrt durch die Rúa de Sar; gleich bei der Kirche findet man Parkplätze. | **Öffnungszeiten** Di–Sa 10–14 Uhr, aber nicht immer zuverlässig | **Tipp** Am nahen Flüsschen Sar entlang verläuft ein Spazierweg durch ländliche Gebiete am Stadtrand.

110 Die Rúa da Porta da Pena
Dorfatmosphäre mit urbanen Gärten

Der Weg ist das Ziel – wie oft mag man diesen Satz unterwegs gehört haben. Dabei ist das Ziel ebenfalls wichtig. In diesem Fall lautet es: Rúa da Porta da Pena. Dazu löst man sich im oberen Teil der Altstadt nahe der Praza de Cervantes von der Pilgerstrecke und schlendert durch Gassen, in denen sich Santiago de Compostela völlig losgelöst von Gewühl und Wallfahrtsbusiness präsentiert. Da verwandelt sich Galiciens Hauptstadt unversehens in ein Dorf.

End- und Wendepunkt ist die kopfsteingepflasterte Rúa da Porta da Pena. Blumenkästen klemmen an Balkongittern. Fassaden und Fensterreihen sind symmetrisch wie mit einem Lineal gezogen – und bergen hinter den Fronten ihre Überraschungen. Das Hotel Costa Vella und das Gasthaus Casa Felisa trumpfen mit grünen Innenhöfen auf, die zu den schönsten der Stadt zählen. Wohlgehütete Geheimnisse. Oasen fern von Hektik und dem Puls der Zeit. Vögel zwitschern in den Bäumen. Es riecht nach Blumen. In beiden Häusern können auch Nicht-Übernachtungsgäste etwas zu sich nehmen.

Im Hof des Costa Vella, der als Café genutzt wird, ballen sich lauschige Winkel mit Bänken, Blumenkübeln, Beeten, Bougainvilleen. Der Hof der Casa Filesa fungiert als Restaurant. Die Bäume – Zitrone, Kaki, Orange – setzen exotische Noten.»Wenn im Frühjahr die Blüte unserer hundertjährigen Kamelie einsetzt, blüht die eine Hälfte des Baumes weiß, die andere rot«, schwärmt einer der Kellner. Der Hof stößt an Mauern und einen übermannshohen Holzlattenzaun, ist komplett abgeschirmt. Sonnenschirme formen ein Dachmosaik im Grünen. Hier fühlt man sich weit weg von allem. Und denkt vielleicht darüber nach, was nach der Rückkehr in den urbanen Trubel ansteht. Jakobuskuchen probieren. Shoppen. Das Volkskundemuseum besuchen, das Kloster San Martín Pinario. Jakobsmuscheln kosten. In die Kathedrale zurückkehren. Aber: Nur keine Hektik. Die Ruhe steckt an.

Adresse Casa Felisa, Rúa da Porta da Pena 5, 15704 Santiago de Compostela; Tel. 0034/981/582602, www.casafelisa.es; Hotel Costa Vella, Rúa da Porta da Pena 17, Tel. 0034/981/569530, http://costavella.com | **Anfahrt** In die Altstadt zu fahren, ist ein Ding der Unmöglichkeit; die nächsten Parkhäuser liegen an der Praza de Galicia und in der Avenida de Rodrigo de Padrón (Parking San Clemente); ab dort weiter zu Fuß. | **Tipp** Nach der Rückkehr in den oberen Teil der Altstadt sind zwei sakrale Perlen interessant: die Kirche San Bieito do Campo an der Praza de Cervantes und die Kirche Santa María do Camiño in der Rúa Travesa.

SANTIAGO DE COMPOSTELA

111___Die Ruheoase
Grün mit Aussicht

Zurück in die Natur – wie sehr wünscht man sich das nach der Überfülle der Eindrücke von all den Gassen, Plätzen, Pilgertreffs und Monumenten in Santiago de Compostela. Das Kontrastprogramm spielt sich nah an der Altstadt ab: im Parque da Alameda, dem Stadtpark mit seinen Spazierwegen, Blumenbeeten, alten Baumbeständen. Die Fläche umfasst offiziellen Angaben zufolge 85.000 Quadratmeter. Da ist reichlich Platz für alle. Südwärts zur Begrenzungsstraße hin, der Avenida de Xoán Carlos I, plätschern Brunnen, nehmen Enten ihre Teichbäder. Doch noch ist es zu laut, der Verkehrslärm zu nah.

Der Park legt sich um eine Anhöhe mit der Kirche Santa Susana, die angesichts der Vielzahl der Gotteshäuser der Stadt weniger bedeutsam ist. Wichtiger sind die verästelten Pfade durchs Grün, die bis zur Breite von Alleen reichen können. Ein lang gestrecktes Stück verläuft zur Cityseite hin, wo der galicische Dramatiker und Romancier Ramón del Valle-Inclán (1866–1936) als Skulptur auf einer Bank sitzt. Der Beginn der Aussicht lässt erahnen, dass etwas Besonderes bevorsteht, dann ist es so weit: Die Kathedrale liegt wie auf dem Präsentiertablett da. Souverän und festlich erheben sich die Türme aus den Steinmassen der Altstadt. Schöner geht's nicht, vor allem im Nachmittags- oder Frühabendlicht. Vorausgesetzt, das unbeständige Wetter spielt mit.

Die sogenannte »Hufeisen-Promenade« (Paseo da Ferradura) schließt in einer Schleife an den hinteren Parkteil an. Die Altstadt gerät außer Sicht. Das Grün gewinnt umso stärker die Oberhand. Ein Denkmal erinnert an Rosalía de Castro (1837–1885), eine Wegbereiterin der modernen Lyrik.

Bänkchen laden inflationär zur Rast ein. Rosengärten breiten sich aus. Längst ist es leise geworden. Durch Bäume und Sträucher treiben Sonne und Schatten ihre Wechselspiele: als Symbole für den Jakobsweg und das Leben an sich.

Adresse Parque da Alameda, Rúa do Campiño da Ferradura / Avenida de Xoán Carlos I, 15705 Santiago de Compostela | **Anfahrt** In die Altstadt zu fahren, ist ein Ding der Unmöglichkeit; die nächsten Parkhäuser liegen an der Praza de Galicia und in der Avenida de Rodrigo de Padrón (Parking San Clemente); ab dort weiter zu Fuß. | **Tipp** Der Zugang in den Park führt von der Altstadt her am Widerstandsdenkmal der »Zwei Marien« vorbei, älteren Damen mit Kopftüchern und knallbunten Mänteln. Stadtführer Francisco Esteban Palomo erklärt: »Die beiden waren Schwestern, die eigentlich Maruxa und Coralia hießen. Sie kleideten sich wirklich so und protestierten gegen das Regime von General Franco, das 1975 endete. Dass man sie für verrückt hielt, war ihre Rettung.«

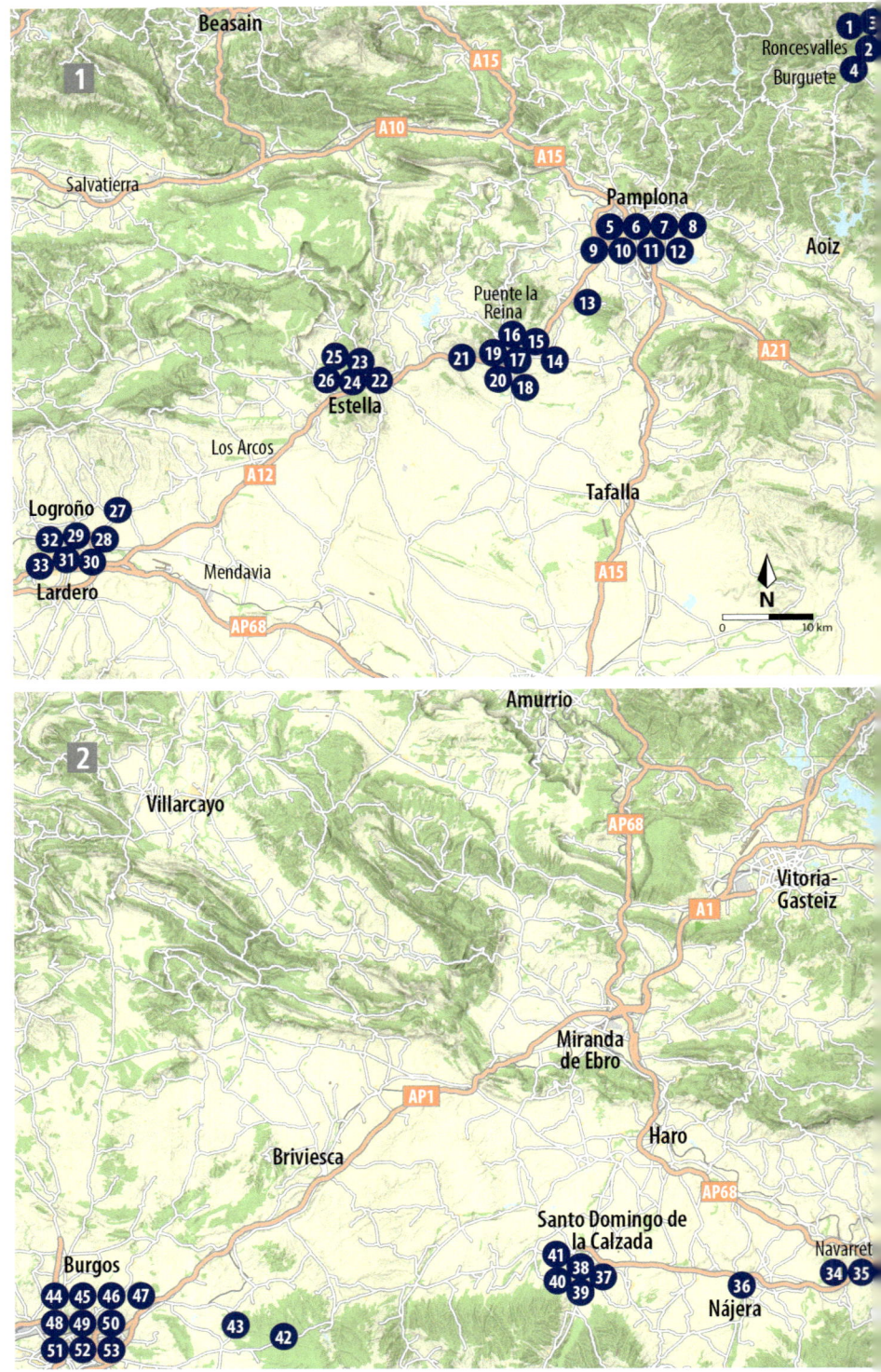

Federico Meloni, Jana Meloni
111 Orte auf Sardinien, die man gesehen haben muss
ISBN 978-3-7408-1469-4

Rüdiger Liedtke
111 Orte auf Mallorca, die man gesehen haben muss
ISBN 978-3-7408-1532-5

Rolando Grumt Suárez
111 Orte in Barcelona, die man gesehen haben muss
ISBN 978-3-7408-0994-2

Veronika Wengert
111 Orte in Slowenien, die man gesehen haben muss
ISBN 978-3-7408-1083-2

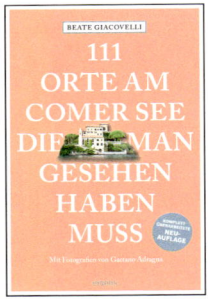

Beate Giacovelli
111 Orte am Comer See, die man gesehen haben muss
ISBN 978-3-7408-1201-0

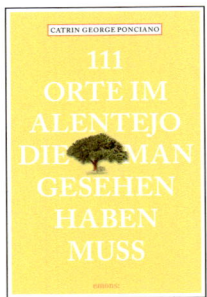

Catrin Ponciano
111 Orte im Alentejo, die man gesehen haben muss
ISBN 978-3-7408-1067-2

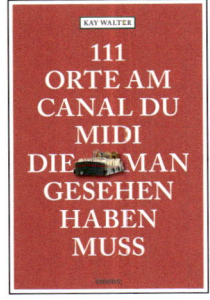

Kay Walter
111 Orte am Canal du Midi, die man gesehen haben muss
ISBN 978-3-7408-1086-3

Marcus X. Schmid
111 Orte in der Bretagne, die man gesehen haben muss
ISBN 978-3-7408-1371-0

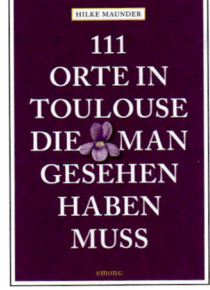

Hilke Maunder
111 Orte in Toulouse, die man gesehen haben muss
ISBN 978-3-7408-1091-7

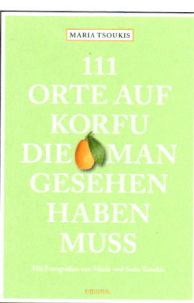

Maria Tsoukis
111 Orte auf Korfu, die man gesehen haben muss
ISBN 978-3-7408-1065-8

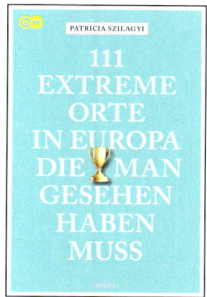

Patricia Szilagyi
111 extreme Orte in Europa, die man gesehen haben muss
ISBN 978-3-7408-0863-1

Dorothee Fleischmann, Carolina Kalvelage
111 Orte in Budapest, die man gesehen haben muss
ISBN 978-3-7408-0877-8

Rolando N. Grumt Suárez
111 Orte auf El Hierro, die man gesehen haben muss
ISBN 978-3-7408-0846-4

Carl Lang
111 Orte auf Lanzarote, die man gesehen haben muss
ISBN 978-3-7408-0836-5

Giulia Castelli Gattinara
111 Orte in Mailand, die man gesehen haben muss
ISBN 978-3-7408-0739-9

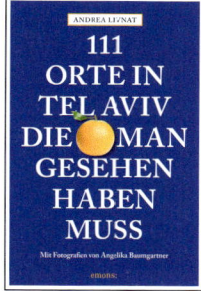

Andrea Livnat
111 Orte in Tel Aviv, die man gesehen haben muss
ISBN 978-3-7408-0725-2

Evelyn Pschak
111 Orte in den Pyrenäen, die man gesehen haben muss
ISBN 978-3-7408-0562-3

Franz Hlavac, Gisela Hopfmüller
111 Orte in Friaul und Julisch Venetien, die man gesehen haben muss
ISBN 978-3-7408-0575-3

Ralf Nestmeyer
111 Orte in der Provence, die man gesehen haben muss
ISBN 978-3-95451-094-8

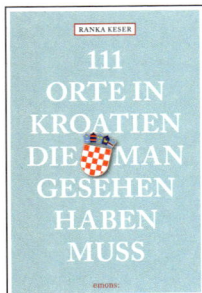

Ranka Keser
111 Orte in Kroatien, die man gesehen haben muss
ISBN 978-3-7408-0557-9

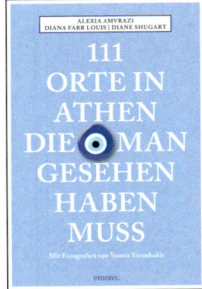

Alexia Amvrazi,
Diana Farr Louis, Diane Shugart
111 Orte in Athen, die man gesehen haben muss
ISBN 978-3-7408-0560-9

Petra Sophia Zimmermann
111 Orte am Gardasee und in Verona, die man gesehen haben muss
ISBN 978-3-95451-344-4

Natalino Russo
111 Orte in Neapel, die man gesehen haben muss
ISBN 978-3-7408-0478-7

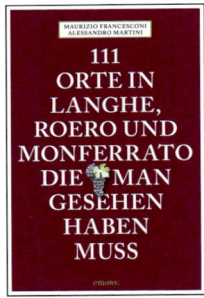

Alessandro Martini,
Maurizio Francesconi
111 Orte in Langhe, Roero und Monferrato, die man gesehen haben muss
ISBN 978-3-7408-0474-9

Beate C. Kirchner
111 Orte in Florenz und im Norden der Toskana, die man gesehen haben muss
ISBN 978-3-95451-513-4

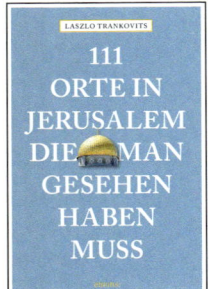

Laszlo Trankovits
111 Orte in Jerusalem, die man gesehen haben muss
ISBN 978-3-7408-0390-2

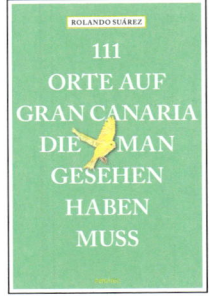

Rolando G. Suárez
111 Orte auf Gran Canaria, die man gesehen haben muss
ISBN 978-3-7408-0436-7

Sabine Gruber, Peter Eickhoff
111 Orte in Südtirol, die man gesehen haben muss
ISBN 978-3-95451-318-5

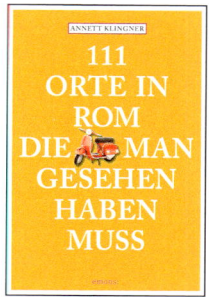

Annett Klingner
111 Orte in Rom, die man gesehen haben muss
ISBN 978-3-95451-219-5

Fabrizio Ardito
111 Orte auf Malta, die man gesehen haben muss
ISBN 978-3-7408-0356-8

Cornelia Ziegler
111 Orte auf Kreta, die man gesehen haben muss
ISBN 978-3-95451-540-0

Kathleen Becker
111 Orte in Lissabon, die man gesehen haben muss
ISBN 978-3-7408-0244-8

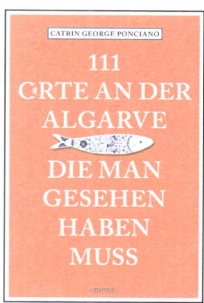

Catrin Ponciano
111 Orte an der Algarve, die man gesehen haben muss
ISBN 978-3-7408-0362-9

Marx de Morais
111 Orte in Turin und im Piemont, die man gesehen haben muss
ISBN 978-3-95451-736-7

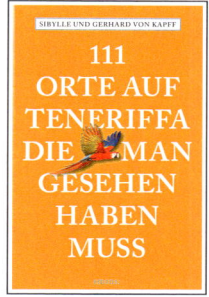

Sibylle von Kapff, Gerhard von Kapff
111 Orte auf Teneriffa, die man gesehen haben muss
ISBN 978-3-95451-916-3

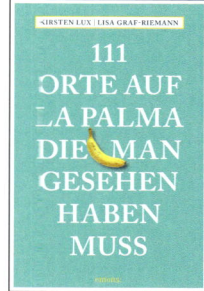

Kirsten Lux, Lisa Graf-Riemann
111 Orte auf La Palma, die man gesehen haben muss
ISBN 978-3-7408-0345-2

Andreas Drouve, geboren 1964, Dr. phil., stammt aus Düren/NRW und lebt in Spanien. Er hat über 130 Bücher verfasst und ist als Journalist für Medien wie die Deutsche Presse-Agentur rund um den Globus auf Achse. Beliebt ist sein Reiseblog www.traveller50plus.eu.

Sonia Drouve (*2001) ist die jüngere Tochter des Autors und begeisterte Fotografin. Sie studiert Digitales Design.